AS TREVAS QUE HABITAM EM MIM

AS TREVAS QUE HABITAM EM MIM

FRAN ESPINDOLA

SÃO PAULO, 2023

As trevas que habitam em mim
Copyright © 2023 by Fran Espindola
Copyright © 2023 by Novo Século Editora Ltda.

Editor: **Luiz Vasconcelos**
Gerente editorial: **Letícia Teófilo**
Produção editorial: **Érica Borges Correa**
Preparação: **Flávia Kenosis**
Revisão: **Paola Sabbag Caputo**
Capa: **Kelson Spalato**
Projeto gráfico e diagramação: **Manoela Dourado**

Texto de acordo com as normas do Novo Acordo Ortográfico da Língua Portuguesa (1990), em vigor desde 1º de janeiro de 2009.

Dados Internacionais de Catalogação na Publicação (CIP)
Angélica Ilacqua CRB-8/7057

Espindola, Fran
    As trevas que habitam em mim / Fran Espindola. -- Barueri, SP : Novo Século Editora, 2023.
    128 p.

ISBN 978-65-5724-088-5

1. Vida cristã 2. Emoções I. Título

23-2503   CDD 248.4.

Índices para catálogo sistemático:
1. Vida cristã

uma marca do
Grupo Novo Século

GRUPO NOVO SÉCULO
Alameda Araguaia, 2190 – Bloco A – 11º andar – Conjunto 1111
CEP 06455-000 – Alphaville Industrial, Barueri – SP – Brasil
Tel.: (11) 3699-7107 | E-mail: atendimento@gruponovoseculo.com.br
www.gruponovoseculo.com.br

AGRADECIMENTOS

Sem dúvida, primeiramente agradeço e dedico essa obra ao nosso Senhor e Salvador Jesus Cristo, pois sem Ele a Obra em minha vida não seria possível.

Agradeço e dedico também ao meu amado, fiel, paciente e corajoso esposo Ricardo, que, além de estar comigo em todos os momentos, me incentivou e auxiliou na organização e realização dessa obra. Na mesma proporção, ao meu amado e destemido filho Gustavo, que sabe me incentivar e encorajar a ser diferente do que costumava ser, me ensinando na prática a ser mais leve, se importando apenas com a aprovação de Deus – características herdadas do pai, Ricardo!

SUMÁRIO

PREFÁCIO 9
INTRODUÇÃO 11
1. IDENTIFICANDO AS TREVAS 15
    Rejeição 28
    Carência 31
    Falsidade 36
    Ser influenciado pelos outros 38
    Traumas 41
    Julgamentos 43
2. CURA DAS TREVAS INTERIORES 49
    Situações que parecem não ter solução 50
    Problemas 55
    Escolher fazer mudanças 56
    Atitudes diferentes geram resultados diferentes ... 60
    Inimigos da transformação 61
    O que posso fazer para resolver? 64
3. EVITANDO AS TREVAS 67
    Oração 68
    Leitura da palavra 74
    Solitude 75

Jejum 80
　　　Ouvir a voz de Deus 82
　　　Confiança e fé 85

4. NÃO SENDO TREVAS NA VIDA DOS OUTROS 89
　　　Dia mau 91
　　　Escolhas 95
　　　Casamento 99
　　　Salvação 104
　　　Equilíbrio 106
　　　Equilíbrio financeiro 108

5. SENDO LUZ NA VIDA DOS OUTROS 115

FINAL 121

MUDANÇA: COMO CONSEGUIR 127

PREFÁCIO

"Se portanto, a luz que em ti há são trevas, quão grandes serão tais trevas (Mateus 6:23)."

O amor e a misericórdia de nosso Deus são infinitos. O transbordo do Senhor nos alcança a todo momento, a todo passo dado, a toda lágrima derramada, em todas as áreas de nossa vida.

Temos que compreender que tudo em nossa vida acontece para o nosso crescimento e para o nosso propósito, após bravas lutas contra nossas trevas interiores.

Fran Espindola nos lembra de que temos essa força por meio da comunhão com o Espírito Santo. Ele é o nosso conselheiro, nosso mestre, nosso professor e aquele que nos ensina todas as coisas, que derrama sobre nós os seus dons e o seu Fruto. Ele é o Selo da Promessa, e Jesus nos garantiu que Ele estará conosco até a consumação dos séculos.

O Espírito Santo deseja ser o nosso melhor amigo e fazer morada, ou seja, habitar em nosso coração. Ele nos abastece de sabedoria e de fortaleza junto ao Senhor Jesus.

Com certeza o desejo mais profundo do nosso coração é que esta obra promova um fardo mais leve e repleto de esperança até alcançarmos a glória.

Agradeço ao Aba Pai pela vida da Fran, por esta obra linda e pelas vidas que serão transformadas. Que a luz do Espírito Santo brilhe cada vez mais sobre a sua vida, iluminando seus passos e sua mente, e que seu coração seja cheio de gratidão, sabedoria, paz e amor.

Que sua vida nunca mais seja a mesma, que você viva uma real e verdadeira transformação e que tenha cada vez mais intimidade e comunhão com o Espírito Santo. Em nome de Jesus.

Um beijo no seu coração,

Pastora Patrícia Pimentell

INTRODUÇÃO

Após muitos anos convertida ao cristianismo, leitora e praticante da Palavra de Deus, percebi que algumas áreas da minha vida não mudavam – estavam melhores, mas não transformadas realmente como deveriam. Decidi descobrir o porquê disso, após ter a consciência de que minha vida era da minha responsabilidade, ou seja, tudo que acontece ou deixa de acontecer depende das minhas atitudes, e não de outras pessoas. Foi então que descobri que dentro de mim havia trevas escondidas, coisas mal resolvidas que poderiam estar atrapalhando meu crescimento pessoal e também espiritual.

A definição de treva é a ausência de luz, escuridão, falta de conhecimento, falta de direção. Nós, seres humanos, temos dentro de nós sentimentos ocultos, ou mesmo ocultados por nós, que deixamos lá, no lugar mais profundo da alma, como se não existissem. Sentimentos que podem nos causar danos, até mesmo irreversíveis em algumas situações, com os quais, na maioria das vezes, não sabemos como lidar, pois sequer sabemos que eles existem.

Muitos cristãos, ao se converterem, não conseguem identificar essas trevas que ainda estão escondidas em seu interior – latentes, porém atuantes –, provocando ações e reações que não condizem com a realidade que deveria ser vivida, pregada e testemunhada pela nova vida adquirida por meio do sacrifício de Jesus Cristo por nós na cruz. Assim, eles se mantêm como aqueles que ainda não conheceram Cristo, vivendo com trevas interiores, sem evoluir, sem usufruir da liberdade dada a nós por Cristo: a liberdade de sermos novas criaturas, com novas atitudes e novos pensamentos a respeito de coisas, situações, pessoas e até sobre nós mesmos; a liberdade para mudarmos nossa história, agora com o auxílio do "autor da vida", do Deus que criou tudo perfeito e deseja nos restaurar completamente, aqui na Terra, além de nos dar a possibilidade de vivermos eternamente com Ele.

> "Nele estava a vida, e a vida era a luz dos homens. E a luz resplandece nas trevas, e as trevas não a compreenderam." (João 1:4-5)

Neste livro, poderemos aprender a identificar essas trevas, vencê-las e mudar de vida. De uma vida dirigida por traumas, como rejeição, medo, angústia, abandono, abuso e tantos outros vivenciados – cada qual com suas diferenças, mas que sempre vêm de uma mesma raiz, uma treva interior mal resolvida, uma prisão mental e espiritual –, é possível mudar para uma vida de liberdade em Cristo.

> "Eu sou a luz que veio ao mundo para que todo aquele que crê em mim não permaneça nas trevas." (João 12:46)

Nas próximas páginas, desejo poder auxiliar você com um pouco da minha própria vivência, com erros e experiências que, à luz da Palavra de Deus, podem transformar as trevas em luz.

As mudanças não acontecem do dia para a noite; elas são progressivas, e estamos todos juntos nesse processo. Colocando em prática algumas ações, chegará um momento em que todo nosso interior será apenas luz, e não mais seremos guiados pelas trevas que nos habitam, mas sim pelo Espírito de Deus que habitará em nós e nos levará à verdade.

1
IDENTIFICANDO AS TREVAS

PARA IDENTIFICARMOS AS TREVAS QUE HABITAM EM NÓS, PRE-cisamos estar atentos a nós mesmos, saber o que nos motiva, o que sentimos e por que temos tais sentimentos e atitudes.

Ser honesto consigo mesmo é uma forma de se autoconhecer e de não se deixar levar pelos sentimentos. A real motivação que nos leva a tomar decisões pode nos dar a cura para nossas trevas interiores, pois mostrará onde está o problema que nos move e se o que está nos movendo é genuíno ou não. Muitas vezes somos levados por sentimentos ruins achando que estamos tomando decisões, quando, na verdade, estamos apenas reagindo a algo oculto dentro de nós. Ao permanecer desconhecido, isso nos leva a agir de forma errada, desagradando a Deus e cometendo injustiças, cujos frutos serão inevitavelmente colhidos. A honestidade e a verdade sempre agradarão a Deus e nos levarão ao caminho da justiça. Mesmo que no princípio seja doloroso e difícil de aceitar que estamos errados, depois de nos confessarmos e de nos arrependermos dos nossos pecados, colheremos os frutos da justiça de Deus.

> "Se afirmarmos que estamos sem pecado, enganamo-nos a nós mesmos, e a verdade não está em nós". (1 João 1:8)

Durante muitos anos, fiquei presa em uma situação terrível com minha família. Tinha um sentimento de não pertencimento e de abandono, que foi ocasionado por vários problemas causados pelo diabo. Eu não entendia por que me sentia tão sozinha, sem identidade. Achava que não era filha biológica dos meus pais e isso me levou a situações terríveis. Por causa dessa treva interior, eu sofri muito e também causei sofrimento a muitas pessoas a quem eu amava.

O diabo é mestre em criar ilusões e distrações para que não consigamos identificar nossas trevas, para que fiquemos presos nesse ciclo de destruição que acaba com nossa alegria e com a de outras pessoas também.

Cada vez que eu tentava entender o que estava acontecendo comigo, algo apontava para que eu tivesse "certeza" de que realmente eu não pertencia à minha família, e assim eu tratava todos com um certo "pé atrás". E adivinhe quem ganha com mal-entendidos?

O diabo ama mal-entendidos. Ele se diverte com isso, e quem sofre somos nós. Tratei mal as pessoas, desonrei meus pais, cometi muitas injustiças com base nessa mentira alimentada pelo diabo e pela minha ignorância das trevas que estavam habitando em mim.

Descobri que, sim, eu era filha biológica e também amada por meus pais, que apenas éramos uma família como tantas outras, com trevas interiores escondidas a serem levadas à luz e vencidas, com muitas situações e problemas reais, difíceis de aceitar e até mesmo de serem resolvidos. Alguns deixaram marcas, cicatrizes profundas, mas serviram para mostrar a capacidade de Deus de transformar as trevas em luz, de fazer com que a nossa transformação – minha e da minha família – possa ajudar a restaurar outras vidas, por meio do perdão e da reconciliação.

A verdade sempre será uma forma de identificar nossas trevas interiores, a honestidade, o diálogo verdadeiro, a transparência diante de Deus. Enquanto eu não aceitei que eu realmente estava errada e que apenas precisávamos do perdão dentro da família, perdi anos de alegria, paz interior e paz com as pessoas, momentos que não voltarão jamais.

Levar nossas trevas à luz traz restauração, liberdade em Cristo, alegria e paz!

"A candeia do corpo são os olhos; de sorte que, se os teus olhos forem bons, todo o teu corpo terá luz; se, porém, os teus olhos forem maus, o teu corpo será tenebroso. Se, portanto, a luz que em ti há são trevas, quão grandes serão tais trevas."
(Mateus 6:22-23)

As trevas que habitam em nós podem ser causadas por vários motivos, externos ou internos, ocorridos no passado ou no presente. Caso não sejam identificadas e curadas, elas podem destruir nosso futuro – um está diretamente atrelado ao outro. O que importa, realmente, é a maneira como reagimos a esses motivos, interiores ou exteriores, que sempre estão ligados à desobediência à Palavra de Deus e à falta de perdão, principalmente. Isso está explícito na Bíblia em diversas passagens. O pecado é, e sempre será, o que nos afasta de Deus e da paz que Ele pode nos oferecer.

> "Pois o salário do pecado é a morte, mas o dom gratuito de Deus é a vida eterna em Cristo Jesus, nosso Senhor." (Romanos 6:23)

Difícil é aceitarmos que existem essas trevas, que são causadas por coisas ruins que alimentamos mentalmente a ponto de se tornarem parte de nós, como se fossem nossa personalidade, e não falta de conhecimento e desobediência à Palavra de Deus. Se colocarmos em prática o perdão e outros ensinamentos que Deus nos deixou em Sua palavra, para que tenhamos vida em abundância, poderemos ter uma vida diferenciada, assim como os homens e mulheres da Bíblia que escolheram obedecer a Deus; mas se permanecermos vivendo na desobediência, teremos as consequências do pecado.

Adão, mesmo no paraíso, não aceitou que estava errado, que havia pecado. E quando questionado por Deus a respeito da desobediência, justificou-se e colocou a culpa em Eva, que havia lhe induzido a experimentar o fruto proibido. Jesus, entretanto, cresceu em meio aos pecadores e continuou sem pecar até mesmo quando injustiçado e levado à morte por pecados que não cometeu, dando o exemplo máximo de obediência e perdão.

"Logo, assim como por meio da desobediência de um só homem muitos foram feitos pecadores, assim também por meio da obediência de um único homem muitos serão feitos justos." (Romanos 5:19)

Alguns povos chegaram a ficar por diversos anos escravizados pela desobediência, e nós também somos escravos do diabo enquanto não nos libertarmos dos causadores de nossas "trevas" interiores. E isso permanecerá enquanto não nos tornarmos humildes e nos rendermos à obediência, ao arrependimento sincero, seguido da mudança de atitudes. Sem Deus e Sua sabedoria não somos nada e não poderemos estar na Sua luz. Portanto, ao voltarmos para Ele e nos rendermos à Sua disciplina amorosa, Ele nos transforma, renova, restaura nossa alma e nos garante uma vida nova aqui na Terra, assim como a vida com Ele na eternidade.

No livro de Isaías, podemos ver a benevolência de Deus quando voltamos para Ele.

"E se abrires a tua alma ao faminto e fartares a alma aflita; então a tua luz nascerá nas trevas, e a tua escuridão será como o meio-dia." (Isaías 58:10)

Quando trazemos nossas trevas à luz, quando identificamos nossas trevas interiores e as transformamos, passamos a agir da forma que Deus realmente quer.

Na passagem bíblica citada, os israelitas se preocupavam apenas com o exterior, com as práticas religiosas, como o jejum e as vestes, e como se comportavam quando estavam sendo vistos pelos outros. Aparências, apenas isso era o que importava. Eles não enxergavam que estavam agindo mal com seus familiares, vizinhos, empregados e até mesmo com eles próprios, pois a falta de discernimento em suas atividades trazia consequências pessoais, sociais e emocionais muito ruins. Assim como eles agiam – sem saber, ou mesmo sabendo, mas não querendo mudar –, nós deixamos essas "trevas" habitando em nós sem transformá-las.

Deus dá direções para que as identifiquemos e as transformemos e, assim como está escrito no livro de Isaías, Ele nos ensina que, ao mudar nossas atitudes, de acordo com a palavra Dele, as trevas se tornarão claridade e a luz prevalecerá. Viveremos na verdade!

Durante muitos anos, vivemos praticando e escondendo as trevas que habitam em nós. Colhemos os frutos ruins dessas práticas frequentes e persistentes. É um trabalho de longo prazo para que tenhamos chegado às situações que vivemos quando descobrimos que há algo de errado que precisa ser mudado. São anos de desobediência, por ignorância ou não, e mesmo agora, depois que descobrimos os fatos, as trevas habitando e nos dirigindo, também levará um tempo até que tudo seja restaurado, havendo coisas que não poderão ser mais corrigidas. Mas Deus, em Sua imensa bondade, nos promete que fará coisas boas até mesmo dos nossos "entulhos".

"Seu povo reconstruirá as velhas ruínas e restaurará os alicerces antigos; você será chamado reparador de muros, restaurador de ruas e moradias."
(Isaías 58:12)

Algumas das trevas que habitam em mim foram identificadas e transformadas. Compartilharei com vocês algumas delas para que sirvam de exemplo de onde elas podem surgir, já que muitas vezes ficam escondidas, nos prejudicando ao longo dos anos. Já outras podem ser identificadas com maior facilidade e desse modo são interrompidos os danos causados em nós e naqueles que nos rodeiam por nosso intermédio.

"Ser honesto consigo mesmo é uma forma de se autoconhecer e de não se deixar levar pelos sentimentos."

Em minha infância, minha vida nunca era celebrada por ninguém. Todas as datas comemorativas foram sem sentido, negligenciadas por meus familiares. Isso tudo foi percebido por mim como uma rejeição. Sempre alguém era mais importante do que eu, como a tia que fazia aniversário no mesmo dia. As formaturas escolares não tinham comemorações nem a participação de ninguém. Os Natais se passavam com promessas de presentes não cumpridas, dentre outras promessas que nunca chegavam. Tudo isso me fez achar que eu não tinha valor e também me ensinou a não esperar que coisas boas acontecessem, pois a expectativa era frustrante, além de desenvolver uma ansiedade extrema.

Na fase adulta, antes da conversão, quando conheci meu esposo e comecei a conviver com os familiares dele, as coisas também não mudaram. Agora era aniversário da sogra ou o Dia das Mães, que muitas vezes coincide com meu aniversário, anulando completamente a importância que a maioria das pessoas dá a essa comemoração. E quando era minha vez, nada de mais acontecia. Eu esperava um bolo surpresa, uma homenagem calorosa, um presente especial, mas nada acontecia.

Minha mãe sempre contava a história do dia em que eu nasci, e não era nada boa de ouvir. Dizia que eu, em vez de descer, subia dentro de sua barriga, que quase a asfixiei até próximo da morte, que meu pai queria muito um menino e que só foi gostar de mim quando me pegou no colo. Essas foram as histórias que eu ouvi durante anos na data do meu aniversário. Assim, o tempo passava, e ela sempre contando as mesmas trágicas histórias.

Minhas conquistas passaram em branco, sem comemorações – que, pelo menos aos meus olhos, poderiam ter sido mais celebradas pelos outros –, a ponto de eu me desestimular a fazer qualquer coisa que pudesse ser comemorada. Todas essas experiências ruins me deixaram com trevas interiores escondidas, pois eu não as enxergava, achando que eu não era boa o suficiente para que celebrassem minha existência e que minhas conquistas nunca eram boas o bastante para serem admiradas. Eu não me sentia boa o bastante para nada, me escondia atrás de uma capa de pessoa superforte, que não tem sentimentos, que não precisa de ninguém, mas, no íntimo, era carente e necessitada de atenção.

Hoje, o Senhor Jesus me libertou dessa treva que habitava em mim, da necessidade de precisar que os outros celebrem minhas conquistas. Essa angústia ficou para trás quando Ele me acolheu e libertou a minha alma, pelo Seu grande amor por mim. Tive que entender o amor de Deus, perdoar, buscar Sua palavra, identificar onde estavam essas trevas e transformá-las em luz. A existência dessas trevas em mim não influenciava na minha salvação pela graça, não diminuíam o amor de Cristo por mim, mas eu, podendo desfrutar da maravilha da liberdade em Cristo, das maravilhas que podemos viver Nele, estava perdendo por não saber que poderia viver livre desses sentimentos. Foi perdoando e sendo perdoada que consegui curar muitas trevas que habitavam em mim. Primeiro, precisei aceitar que elas existiam; depois, buscar em Deus o perdão e o amor Dele por mim e por todas as pessoas. Deus ama e possibilita o perdão e a restauração para todos os que crerem em seu Filho Jesus como salvador e praticarem a Sua palavra.

"Já estou crucificado com Cristo; e vivo, não mais eu, mas Cristo vive em mim; e a vida que agora vivo na carne, vivo-a pela fé do Filho de Deus, o qual me amou e se entregou a si mesmo." (Gálatas 2:20)

Mesmo quando identificamos as trevas que habitam em nós, levando-as à luz e as transformando, não nos tornamos imunes às situações deste mundo. A vida familiar, a social e a espiritual continuam e precisam ser continuamente vigiadas, porque ainda vivemos em um corpo feito de carne, que é uma terra fértil para que as trevas possam habitar novamente. Cabe a nós perseverarmos em Cristo, para que possamos continuar e ainda ajudar outras pessoas. É uma luta contínua, em espírito, pela fé, crendo que poderemos vencer o pecado dia após dia.

As mentiras do diabo nos colocam para baixo; pensamentos começam e terminam em trevas ou luz, e cabe a nós decidir o que iremos alimentar. Muitas vezes, podemos entender que estamos agindo corretamente, mas, na verdade, estamos julgando e alimentando trevas. Precisamos estar atentos, pois:

"Isto não é de admirar, pois o próprio Satanás se disfarça de anjo de luz." (2 Coríntios 11:14)

Pelas minhas experiências, e também observando outras pessoas, percebi que nossas trevas interiores às vezes são impulsionadas por alguns sentimentos que podem ser evitados. Devemos cuidar do que pensamos, falamos e também de como agimos, evitando, assim, muitas situações que podem causar esses males espirituais que ficam escondidos em nós.

Para ajudá-lo a identificar algumas trevas, veremos a seguir alguns propulsores de trevas que tendem a ficar escondidos na vida das pessoas e os problemas que causam.

"Mesmo que no princípio seja doloroso e difícil de aceitar que estamos errados, depois de nos confessarmos e de nos arrependermos dos nossos pecados, colheremos os frutos da justiça de Deus."

REJEIÇÃO

A rejeição pode causar grandes traumas. Ser rejeitado pelos pais, familiares, amigos, professores, ou mesmo na igreja (sim, podemos ser rejeitados ou nos sentirmos rejeitados até na igreja, por mais inacreditável que possa parecer) cria uma treva interior imensa, que afeta inúmeras áreas da vida e pode permanecer camuflada por muito tempo. Isso faz com que vários sintomas, que podem variar de uma pessoa para outra, causem problemas na área profissional, no casamento e nas amizades, dentre outros tipos de relacionamento.

> "Ainda que me abandonem pai e mãe, o Senhor me acolherá." (Salmos 27:10)

O medo da rejeição acaba fazendo com que a pessoa tenha um comportamento servil, com a tendência a sucumbir às vontades dos outros, não tendo opinião própria, assim como outros efeitos colaterais danosos que prejudicam tanto a ela quanto aos que vivem ao seu redor. Esse tipo de comportamento anula a personalidade da pessoa, transformando-a em alguém diferente de quem ela é de verdade, tornando-a manipulável e com baixa autoestima.

Ao perceber esses entraves, surge a dificuldade em se relacionar com as pessoas, em se entregar verdadeiramente, sempre desconfiando de todos, o que gera relações superficiais, sem entrega, sem verdade e sem futuro. Por medo de se machucar e ser rejeitado novamente, como uma forma de "proteção", o indivíduo se fecha, sem conseguir ter a comunhão verdadeira que a vida cristã ensina. A pessoa carente nunca está satisfeita nem com os outros, nem consigo mesma; isso atrapalha, inclusive, a entrega a Deus. Jesus não nos prometeu uma vida sem aflições, sem problemas a serem enfrentados, mas nos prometeu que poderíamos vencê-los, assim como ele venceu.

"Eu lhes disse essas coisas para que em mim vocês tenham paz. Neste mundo vocês terão aflições; contudo, tenham ânimo! Eu venci o mundo."
(João 16:33)

A psicologia afirma que a dor causada pela rejeição ativa a mesma região cerebral que atua na resposta pela agressão física (córtex cingulado anterior e insular anterior). Biologicamente, ambas as experiências se processam de forma parecida no cérebro humano, isto é, deixam marcas que precisam ser tratadas e curadas.

Sabendo disso, é preciso tomar consciência de que o problema não está no que os outros fazem, mas sim na maneira como reagimos e processamos estes sentimentos. Nunca estaremos imunes à rejeição, isso acontece com todos. Temos apenas que considerar quem nos ama e não nos rejeita jamais, quem sabe de todos os nossos defeitos e fraquezas e mesmo assim nos ama de maneira especial e única. Devemos perdoar e seguir, sabendo que Deus nos ama e não nos rejeita.

Assim como somos rejeitados, também rejeitamos outras pessoas; assim como precisamos ser perdoados, também devemos perdoar. Normalmente, aqueles com quem mais nos importamos são os mais próximos de nós, de quem realmente queremos atenção e aceitação, mas também são os que mais julgamos, mais vemos os defeitos e de quem menos temos compaixão quando preciso, indo contra a Palavra de Deus, que nos ensina a amar o próximo como a nós mesmos.

"Um novo mandamento lhes dou: Amem-se uns aos outros. Como eu os amei, vocês devem amar-
-se uns aos outros. Com isso todos saberão que vocês são meus discípulos, se vocês se amarem uns aos outros." (João 13:34-35)

Nos dias atuais, com o mundo virtual, temos um grande propulsor da treva da rejeição, causando males em muitas almas. Crianças, jovens e adultos têm se tornado cada vez mais dependentes da aprovação de pessoas que nem mesmo conhecem, e quando se sentem rejeitados, não "aprovados" no meio virtual, fazem de tudo para chamarem atenção.

Eu, por exemplo, mesmo não gostando de exposição, já me peguei tendo o desejo de mostrar coisas que acho interessante, apenas para me mostrar... Glória a Deus, antes de fazer tal besteira, a treva interior que eu já havia identificado e lutado para vencer – da rejeição e do desejo de aceitação – me veio à memória, evitando que eu postasse algo que sequer era problemático, mas que não teria uma motivação genuína. Sempre precisamos estar atentos ao motivo pelo qual estamos fazendo algo, agindo ou mesmo reagindo. As redes sociais têm sido um terreno fértil para as trevas interiores se alimentarem.

Temos na Palavra de Deus a cura para essas e tantas outras trevas interiores, renovando nossa mente como na palavra em Romanos.

Tudo que procede de Deus é bom, perfeito e agradável. Esse é um bom filtro para medir nossas motivações.

"E não sede conformados com este mundo, mas sede transformados pela renovação do vosso entendimento, para que experimenteis qual seja a boa, agradável e perfeita vontade de Deus." (Romanos 12:2)

CARÊNCIA

Nós nos sentimos carentes quando fazemos tudo pelos outros e sempre esperamos que façam por nós também. Estamos sempre na expectativa de que alguém diga que quer cuidar de nós, que somos importantes, para nos sentirmos valorizados, admirados e aceitos. Estamos sempre esperando ser convidados para algo, esperando receber atenção, enfim, querendo que alguém se importe conosco. Geralmente essa carência e essa necessidade de atenção vêm desde a infância, época em que podemos ter sido, como no meu caso, cobrados demais, recebido cargas pesadas demais para a idade e precocemente ter sido privado de algumas fases da vida.

"O próprio Senhor irá à sua frente e estará com você; Ele nunca o deixará, nunca o abandonará. Não tenha medo! Não se desanime!" (Deuteronômio 31:8)

Mais uma vez, coloco meu testemunho como exemplo. Vivi durante muitos anos ora me sentindo vítima, ora vilã, nunca um meio-termo. Prossegui muito tempo assim, cheia de trevas interiores causadas por mágoas, sentindo-me rejeitada e desprezada.

Uma situação muito difícil ocorreu em minha vida. Eu costumava dizer sempre a verdade, mesmo que pudesse ser repreendida física ou emocionalmente por isso. Acreditava que esse comportamento me daria credibilidade sempre, que se algo acontecesse comigo e eu precisasse buscar ajuda, acreditariam em mim, mas não foi o que aconteceu em um certo momento da minha juventude. Eu morava em outra cidade e tinha feito muitas escolhas erradas, fazia de tudo para agradar às pessoas e ao mesmo tempo era cruel. Eu me fazia de forte o tempo todo, tinha cargas muito pesadas sobre mim (hoje sei que eram espirituais e emocionais), e todas as minhas atitudes eram para agradar aos outros. Com isso, acabei destruindo uma parte da minha juventude.

Sofri um abuso de um familiar muito próximo e amado por mim, e quando fui buscar ajuda de meus familiares, todos ignoraram. Creio que, diante da situação, a família toda preferiu fingir que nada havia acontecido e decidiu me excluir. Durante muitos anos fui tratada como se estivesse louca e mentindo, até que parei de tocar no assunto. Creio que esse tipo de situação deva acontecer com muitas mulheres e que acabe sendo ignorada por todos, causando impunidade e divisões nas famílias. Até hoje, ninguém nunca conversou comigo sobre o assunto ou pediu perdão, mas pelas atitudes e situações que ocorreram depois de eu perdoar a todos, mesmo que nunca tivessem me pedido perdão, creio que tenha havido o arrependimento.

Por causa dessa e de outras trevas interiores sufocadas dentro de mim, me tornei uma pessoa que queria agradar a todos, fazia de tudo para me sentir querida, amada, e nada adiantava. Vivia uma mentira, com choro, solidão, medo, raiva, tristeza, angústia, enfim, eu sentia tudo de ruim. Quanto mais tentava agradar aos outros, mais se aproveitavam de mim e eu me sentia usada, me sentia péssima, em uma vida sem sentido algum. Se fazia tudo o que queriam, me sentia vítima; se negava, me sentia vilã. Tinha vontade de fugir. As trevas que habitavam em mim me faziam ser uma pessoa inconstante. Eu desconhecia os verdadeiros motivos de tais sentimentos e comportamentos, achava que eu era má, que não prestava para nada e que ninguém me amava.

Identificando tudo isso, expondo à luz de Deus, com todas as ferramentas que a Palavra Dele nos ensina, no amor de Deus, aprendi a não depender da aprovação de pessoas e a perdoar. O perdão liberta de qualquer pecado, liberta nossa alma, nos dá paz e alegria.

> "Porque, se perdoares aos homens as suas ofensas, também vosso Pai celestial vos perdoará a vós; se, porém, não perdoares aos homens as suas ofensas, também vosso Pai vos não perdoará as vossas ofensas." (Mateus 6:14-15)

Achei refrigério e cura na oração, na comunhão com Deus, em canções, no apoio do meu marido e do meu filho, a família que Deus me deu. Perdoei e hoje tenho uma boa relação com meus familiares.

Com a ação de Deus, a sanidade retorna e tudo se renova, não em instantes, mas em um processo individual e progressivo com Ele.

"Assim como somos rejeitados, também rejeitamos outras pessoas; assim como precisamos ser perdoados, também devemos perdoar."

FALSIDADE

Outra treva que habita em nós, despercebidamente, é a falsidade. Sempre que pensamos em falsidade e inveja, que estão interligadas, pensamos nas outras pessoas como praticantes; nós, nunca.

Opostas, a verdade e a falsidade nos levam para lados extremos: uma para a luz, e a outra, para as trevas.

Experiências com falsidade podem também ter uma raiz bem profunda, começando na infância. Crescer em um lar no qual a criança convive com pessoas que, quando os outros se afastam, tudo muda, os sorrisos se tornam questionáveis e os que antes estavam em comunhão logo se tornam base para análises e críticas são práticas que podem parecer inofensivas, mas que acabam moldando adultos falsos, mentirosos e não confiáveis. Isso gera a semente de uma treva interior, difícil de identificar e altamente lesiva.

> "Mas o caminho dos ímpios é como densas trevas; nem sequer sabem em que tropeçam."
> (Provérbios 4:19)

A insegurança que isso traz não tem limite, você não acredita em ninguém, não constrói relacionamentos duradouros e saudáveis, pois não consegue manter uma linha de convivência evolutiva, em que as pessoas se tornam amigas. A vida fica estagnada, solitária, sem amizades reais; você passa a desconfiar de tudo e de todos, com um comportamento altamente destrutivo e doloroso, contrário aos ensinamentos de Jesus.

Até minha conversão, eu vivi oscilando entre confiar demais, para não agir com falsidade, ou desconfiar demais, me isolando, sendo falsa e repetindo o comportamento ruim de outras pessoas com quem convivi e aprendi esses maus hábitos. Creio que essas pessoas também não agiram por mal, mas sim tentando se proteger de algo que também as tenha ferido.

A Palavra de Deus condena tais atitudes de julgamentos.

"Não julguem apenas pela aparência, mas façam julgamentos justos." (João 7:24)

Após identificar essa treva em mim e trazê-la à luz, entendi que não podemos deixar brechas, como dúvidas, conversas mal interpretadas, coisas pela metade e mentiras, presentes em nossos relacionamentos. A sinceridade e a clareza sempre serão as melhores maneiras de evitarmos as trevas em nós e também de causá-las em outras pessoas, com as quais nos relacionamos. Devemos evitar esconder coisas em nossos relacionamentos, ter segredos, principalmente entre o casal, pois o diabo está atento para disseminar o atrito, as brigas e as dissensões. A solidão que vem da falta de comunhão entre os casais, amigos e familiares leva as pessoas a darem ouvidos a outras vozes, gerando dúvidas. Isso pode até mesmo levar à separação entre os casais, estragar amizades verdadeiras e destruir famílias.

> "Sejam sóbrios e vigiem. O diabo, o inimigo de vocês, anda ao redor como leão, rugindo e procurando a quem possa devorar." (1 Pedro 5:8)

A passagem bíblica citada acima diz que o diabo anda nos observando, atentamente, buscando brechas em nossa vida para poder agir em nós e por meio de nós. Quanto mais estivermos ligados à videira, que é Jesus, mais estaremos aptos a perceber e evitar que as trevas habitem em nós.

SER INFLUENCIADO PELOS OUTROS

Apenas teremos uma vivência verdadeira quando formos verdadeiros conosco e nos entregarmos como estamos de verdade. Precisamos saber exatamente por que fazemos ou não fazemos certas coisas, por que queremos ou não queremos certas coisas. O autoconhecimento, associado à sabedoria de Deus, nos leva à verdade. A verdade nos leva à reflexão, que, juntamente com a prática da Palavra de Deus e a Sua sabedoria, nos leva ao discernimento e, consequentemente, a fazermos as escolhas certas.

Colheremos os frutos da prática da verdade não somente aqui na Terra, mas para toda a eternidade.

"A verdade é a essência da Tua palavra e todas as Tuas justas ordenanças são eternas." (Salmos 119:160)

Quando comecei a pensar no real motivo de eu tomar algumas decisões em minha vida, a princípio me senti frustrada, pois cheguei à conclusão de que, na maioria das decisões que tomei na minha vida, estava sendo levada por opiniões de terceiros por vaidade, inveja, espírito competitivo, dentre outros motivos que de forma alguma poderiam levar ao cumprimento da vontade de Deus para minha vida.

Muitas vezes fiz e deixei de fazer coisas, mudei de lugares, fiz faculdade, baseada no que os outros queriam para mim, e não no que eu mesma queria ou, principalmente, no que Deus queria. Sempre pedi a opinião dos outros, querendo agradar, querendo o que os outros queriam. Cursei Direito, não porque era minha escolha, meu talento, meu chamado, mas sim porque era uma das faculdades mais bem conceituadas e com perspectivas futuras de ganho, status social e intelectual, baseada na opinião dos outros. Viajava porque os outros estavam viajando, escolhia o colégio para o filho porque era "o melhor da cidade", e não porque realmente o colégio era bom. Coisas tão fúteis, na maioria das vezes. Tomei decisões importantes com base em achismos alheios; me tornei uma pessoa sem opinião, levada pelo vento.

Uma pessoa deve ser dirigida por Deus, escolher de acordo com a direção do Espírito Santo.

> "Não é o caso dos ímpios! São como palha que o vento leva." (Salmos 1:4)

Só fui me dar conta disso quando comecei, creio que por influência do Espírito Santo, a questionar por que queria tal coisa, por que gostava disso, por que ir ou não ir a algum lugar, qual a motivação real das minhas escolhas, isso já depois de alguns anos convertida.

> "Mas o Conselheiro, o Espírito Santo, que o Pai enviará em meu nome, lhes ensinará todas as coisas e lhes fará lembrar tudo o que eu lhes disse." (João 14:26)

No início foi muito triste olhar para o passado e perceber quantas decisões não foram minhas, mas sim do diabo, porque creio que se não foi Deus quem instruiu, quem liderou, fica tudo nas mãos do próprio Satanás. Depois colhemos os frutos ruins e culpamos a Deus por não ter dado certo, quando, na verdade, Deus não tem nada a ver com as decisões erradas que tomamos e muito menos com os frutos dessas decisões. Mais uma treva que habitava em mim e eu desconhecia... Hoje, serve como aprendizado e espero poder ajudar outras pessoas a identificar e resolver este problema.

TRAUMAS

Em nossa vida já aconteceram e ainda podem acontecer muitas situações que vão além de nossas escolhas. Situações como perder um ente querido, separação dos pais, perda de um animal de estimação, acidentes inesperados, violência física e sexual, bullying, dentre tantas outras circunstâncias que nos causam traumas. Precisamos lidar com muitas delas até hoje, pois deixam marcas e feridas que podem ou não ser curadas, que podem simplesmente ser camufladas e se tornarem uma treva dentro nós, escondida ou trazida à luz.

Uma das histórias mais incríveis da Bíblia relata a vida de José, no livro de Gênesis. Ele foi humilhado por seus irmãos até o ponto de ser vendido por eles como escravo. Ele viveu diversas situações difíceis – como ser condenado por tentativa de assédio à mulher de seu senhor, ficando preso injustamente durante anos –, até ser exaltado e proclamado governador do Egito. Teve a oportunidade de se vingar de todos os que lhe fizeram mal durante anos, inclusive seus irmãos, mas preferiu perdoar e ver que, mesmo com todo o mal que causaram, eles foram apenas instrumentos nas mãos de Deus para que ele fosse colocado como governador do Egito e ajudasse todas as nações na época de escassez de comida. José não se deixou afetar pelo mal que fizeram a ele, continuou com sua personalidade voltada para a obediência a Deus.

> "Vocês planejaram o mal contra mim, mas Deus o tornou em bem para que hoje fosse preservada a vida de muitos." (Gênesis 50:20)

Assim como aconteceu com José, nós temos a oportunidade de perdoar e ajudar muitos daqueles que nos fizeram mal ao longo de nossa vida. Não cabe a nós julgar nem punir nossos malfeitores, mas apenas seguir em frente, perdoar e amar o próximo; assim Deus cumprirá Seu propósito em nossa vida e na de quem mais se render a Ele.

> "Amados, nunca procurem vingar-se, mas deixem com Deus a ira, pois está escrito: 'Minha é a vingança; eu retribuirei', diz o Senhor. Pelo contrário: se o seu inimigo tiver fome, dê-lhe de comer; se tiver sede, dê-lhe de beber. Fazendo isso, você amontoará brasas vivas sobre a cabeça dele. Não se deixem vencer pelo mal, mas vençam o mal com o bem." (Romanos 12:19-21)

JULGAMENTOS

Desenvolvi um senso crítico muito aguçado, talvez até demais, e creio que venha das minhas vivências de infância, da observação dos costumes errados das pessoas com quem cresci, que, assim como eu durante muitos anos, não conheciam Deus. Por conta disso, eu agia sempre analisando os outros, julgando com minha própria ótica, sem comprovação dos fatos, tomando atitudes com base em conclusões erradas e, mesmo quando corretas, algumas vezes não levavam a nada, servindo apenas para alimentar os maus olhos.

> "Não julguem para que vocês não sejam julgados. Pois da mesma forma que julgarem, vocês serão julgados; e a medida que usarem, também será usada para medir vocês." (Mateus 7:1-2)

Esses julgamentos, associados às frustrações com pessoas e situações, me fizeram crescer com um olhar muito negativo sobre tudo e todos. Antes de fazer algo, avaliava as pessoas e somente depois tomava uma atitude.

O problema é que, por mais que avaliasse, as avaliações negativas sempre prevaleciam, e com isso perdi muitas oportunidades, julguei e excluí muitas pessoas, causando sofrimento para mim e para elas também. Isso não era bom. Levei muito tempo também para entender que as pessoas não são totalmente ruins ou totalmente boas, que todos nós temos pontos positivos e negativos e que convém a nós escolhermos quais deles iremos observar e considerar nos outros e também em nós mesmos. Julgar as pessoas é tentador, mas não cabe a nós, e sim a Deus.

> "Irmãos, não falem mal uns dos outros. Quem fala contra o seu irmão ou julga o seu irmão fala contra a Lei e a julga. Quando você julga a Lei, não a está cumprindo, mas está agindo como juiz. Há apenas um Legislador e Juiz, aquele que pode salvar e destruir. Mas quem é você para julgar o seu próximo?" (Tiago 4:11-12)

Depois que identificamos essas falhas, esses pontos fracos que levam às trevas que habitam em nós, devemos ficar atentos a isso. Assim que tivermos um problema, um desafio, uma decisão a ser tomada, ou mesmo em nosso dia a dia, essas falhas aparecerão, sem esforço algum. Elas estarão ali prontas para nos dominar e agir, pois achamos que fazem parte de nós, da nossa personalidade, como se fossem parte da nossa configuração-padrão de comportamento. Nesse momento, cabe a nós pararmos antes de agir e sermos sinceros, dizer "Opa, vou fazer novamente", meditar antes de qualquer ato, pensar na razão de tal decisão e dominar esse instinto que nos leva sempre ao mesmo lugar de derrota, de erros, de destruição, de pecado.

"Pois o que faço não é o bem que desejo, mas o mal que não quero fazer, esse eu continuo fazendo." (Romanos 7:19)

Já trilhamos o caminho do erro diversas vezes e, se não quisermos mais percorrê-lo, temos que ter essa força e dominarmos a nós mesmos. Muitas vezes esse instinto será sorrateiro, até porque já erramos tantas vezes que ele parece ser normal. É preciso ter atenção, força e coragem para dominá-lo, para agir de modo diferente e mudar o rumo da nossa história de derrota pelo mal que habita em nós. Com essa prática, as trevas perderão as forças aos poucos, e logo, se não desfalecermos e perseverarmos, seremos vencedores em Cristo e conquistaremos o domínio próprio.

"Julgar as pessoas é tentador, mas não cabe a nós, e sim a Deus."

É preciso persistir em negar as nossas tentações e não desistirmos, pois é um dia após o outro. É uma luta contra a carne, em Espírito, em que Deus nos dá, por meio do Espírito Santo, capacidade para vencê-las. E nós, por meio da auto-observação e da humildade para admitir nossas fraquezas, combatemos os erros, até que as trevas que habitam em nós percam o poder sobre nossas atitudes e possamos colher os frutos do novo de Deus em nossa vida.

"O Espírito milita contra a carne e a carne milita contra o Espírito, porque são o oposto entre si, para que não façais o que porventura seja o vosso querer." (Gálatas 5:17)

Quando não enxergamos nossos erros, nossas "trevas", não temos noção do quanto estamos dificultando a nossa vida e bloqueando nossa comunhão mais profunda com Deus. Ele nos salvou, independentemente do que somos ou fazemos, mas, para nosso próprio bem, é necessário que O conheçamos mais. No entanto, nossas trevas, nossos pecados, nos apartam desse crescimento, dessa libertação interior para que vivamos na verdadeira paz que somente Cristo, habitando em nós, pode nos dar. Para isso, precisamos enxergar, com a direção de Deus, quais trevas ainda estão habitando em nós e eliminá-las.

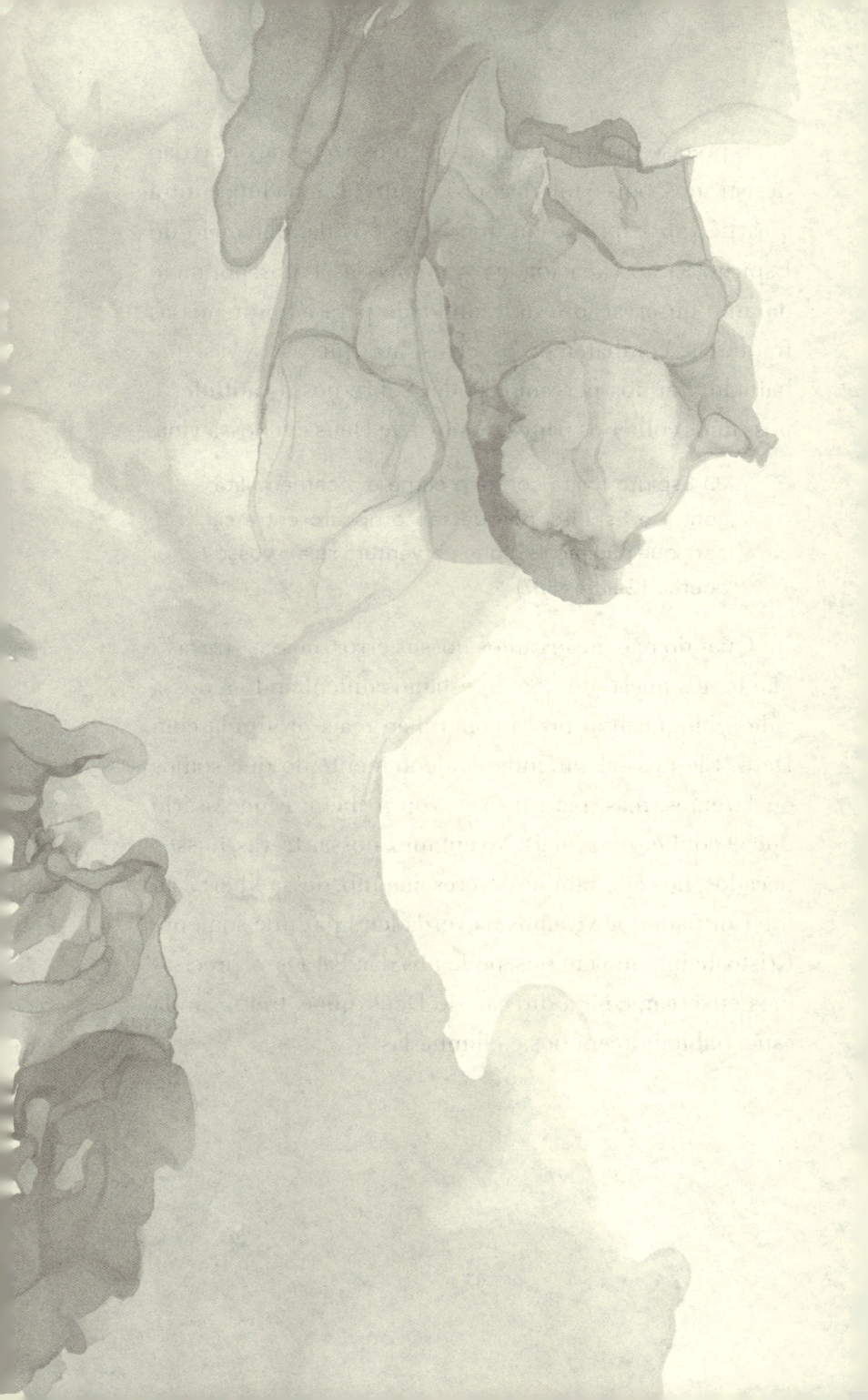

2
CURA DAS TREVAS INTERIORES

Para progredir na vida e ser luz para outras pessoas, precisamos curar nossas trevas interiores. As mudanças pessoais sempre são as mais difíceis, principalmente as internas. Mudanças estéticas, de estilo e físicas, como um corte ou coloração dos cabelos, perda ou ganho de peso, são fáceis de serem percebidas por nós e pelos outros. Comentários com elogios ou críticas podem motivar ou desmotivar tais ações. Mas a mudança interna dificilmente é percebida, sendo, assim, dificilmente elogiada. E algumas vezes nós mesmos temos dificuldade em percebê-la. Mas é essa cura que, de fato, mudará a nossa vida. E quando as trevas forem realmente transformadas em luz, não haverá como esconder.

> "E, também, ninguém acende uma candeia e a coloca debaixo de uma vasilha. Pelo contrário, coloca-a no lugar apropriado, e assim ilumina a todos os que estão na casa." (Mateus 5:15)

SITUAÇÕES QUE PARECEM NÃO TER SOLUÇÃO

Não são poucas as vezes na vida que nos deparamos com situações que, aos nossos olhos, na perspectiva humana, parecem não ter como se resolver, coisas como dívidas, doenças, o sofrimento de pessoas que amamos e que não querem ser ajudadas, abusos sofridos que não podem ser apagados, entre outros.

> "Jesus olhou para eles e respondeu: para o homem é impossível, mas para Deus todas as coisas são possíveis." (Mateus 19:26)

Em algumas dessas situações, tivemos uma parcela de culpa, e em outras, não. Independentemente de dolo ou culpa, Deus não nos desampara, Ele sabe como resolver todas as coisas. Ele tem controle de tudo e, por mais que pareça desesperador, que queiramos agir, fazer algo a respeito e não saibamos como ou o que fazer, se confiarmos n'Ele, se descansarmos n'Ele, as coisas irão se resolver no tempo certo. Deus é confiável e sábio, tem as respostas para tudo, e nós temos total acesso a Ele.

O problema, então, seria como agir nesse meio-tempo em que as coisas ainda não foram solucionadas, em que as dívidas ainda estão crescendo, com juros altos, em que os familiares ainda não se converteram e nos odeiam porque sua visão vai contra os preceitos divinos; mas nós os amamos, os vemos sofrendo e queremos ajudar, porém as mãos estão "atadas". Nossas mãos podem estar atadas, mas nossa boca pode clamar, pode orar, pode falar de Jesus a outras pessoas. Problemas não podem nem devem nos parar; podemos e devemos continuar fazendo o bem enquanto esperamos.

"Por volta da meia-noite, Paulo e Silas estavam orando e cantando hinos a Deus; os outros presos os ouviam. De repente, houve um terremoto tão violento que os alicerces da prisão foram abalados. Imediatamente todas as portas se abriram, e as correntes de todos se soltaram." (Atos 16:25-26)

Quando não sabemos o que fazer nem podemos fazer nada a respeito de um problema específico, ainda podemos fazer o bem, orar e confiar em Deus. A vida cristã, verdadeira, independe de circunstâncias, dívidas, problemas amorosos, doenças ou familiares que não se convertem.

Problemas não podem nos aprisionar. Todos eles já foram vencidos na cruz, e, pela fé, devemos agir como se eles já não existissem, pois Deus, em seu devido tempo, irá nos dar a solução. Racionalmente, pela fé, devemos viver e fazer o melhor possível, enquanto não podemos resolver o que gostaríamos.

"Ora, a fé é a certeza daquilo que esperamos e a prova das coisas que não vemos." (Hebreus 11:1)

Estávamos com problemas financeiros, e a situação parecia não ter mais solução; em outras ocasiões parecidas, nós, mesmo convertidos como cristãos, nos isolávamos, tentávamos não ver nem falar com ninguém, colaborávamos menos na igreja, não participávamos dos estudos bíblicos, dávamos desculpas – verdadeiras, mas que não seriam suficientes para não fazer o que deveríamos.

Quando me dei conta de que isso não era viver pela fé, mas sim ser levado pelas circunstâncias, percebi que em minha vida toda eu havia agido dessa forma: não fazia escolhas e, se fazia, não eram escolhas genuínas, mas sim circunstanciais, boas ou ruins, que me levavam de um lado para o outro.

"Porque vivemos por fé, e não pelo que vemos." (2 Coríntios 5:7)

Constatar isso foi tremendamente frustrante, porém libertador: estávamos prestes a fazer uma "escolha" que mudaria totalmente nossa vida e que refletiria também em nosso filho.

Foi quando apareceu na tela do meu celular uma anotação antiga que eu havia feito, que dizia "O diabo é o mestre das simulações, não deixe ele enganar você". Fiquei assustada com a pontualidade da frase e não lembrava que eu mesma havia escrito isso, porque costumo escrever em cadernos, e não no celular.

Depois de um esforço, lembrei que havia sido numa madrugada em que havia acordado com essa frase na cabeça e acabei anotando no celular, devido à escuridão no quarto. Comecei a chorar ao ver o cuidado de Deus comigo, como Ele me deu uma palavra exata e no momento exato a fez vir até mim, usando o meu celular. A partir daí as coisas mudaram, senti que não estava sozinha, vi que Ele estava cuidando de mim e da minha família o tempo todo, mesmo nos tempos mais difíceis. Deus sempre está cuidando de nós, quando nos rendemos. Ele trabalha mesmo que não estejamos vendo.

"O Senhor cuida da vida dos íntegros, e a herança deles permanecerá para sempre. Em tempos de adversidade não ficarão decepcionados; em dias de fome desfrutarão fartura." (Salmos 37:18-19)

"Problemas não podem nos aprisionar. Todos eles já foram vencidos na cruz..."

PROBLEMAS

Somos iludidos quando olhamos com o foco nos problemas, e não em Deus. O Deus criador, autor e consumador da fé nos criou e nos provou, por intermédio do seu filho Jesus, que essa fé é verdadeira e eficaz, que nos ama e está conosco.

Não importa se somos pecadores: Ele nos amou e nos ama, está conosco em todos os momentos, nos resgatou do pecado da morte eterna e nos possibilita a renovação de vida se estivermos n'Ele.

"E a esperança não nos decepciona, porque Deus derramou em nossos corações, por meio do Espírito Santo que ele nos concedeu. De fato, no devido tempo, quando ainda éramos fracos, Cristo morreu pelos ímpios. Dificilmente haverá alguém que morra por um justo; pelo homem bom talvez alguém tenha coragem de morrer. Mas Deus demonstra seu amor por nós: Cristo morreu em nosso favor quando ainda éramos pecadores." (Romanos 5:5-8)

O diabo tenta nos enganar mostrando problemas, e não soluções, ou nos ilude com "falsas soluções" que logo virarão problemas maiores ainda. Ele é paciente, habilidoso e astuto, vai trabalhar em cada pessoa com as visões que irão ao encontro dos nossos desejos. Precisamos estar atentos e ligados a Deus por meio do Espírito Santo, para que sejamos guiados na verdade e na sabedoria. Não podemos sucumbir diante da fé, cansar e desistir, pois é isso que o diabo realmente quer.

> "Vós tendes por pai ao diabo, e quereis satisfazer os desejos de vosso pai. Ele foi homicida desde o princípio, e não se firmou na verdade, porque não há verdade nele. Quando ele profere mentira, fala do que lhe é próprio, porque é mentiroso, e pai da mentira." (João 8:44)

ESCOLHER FAZER MUDANÇAS

Depois que nos curamos de algumas trevas interiores, podemos voltar a fazer mudanças e escolhermos por nós mesmos fazer essas mudanças. Porém, enquanto não alcançamos essa bênção é preciso estar atentos a outras trevas que podem surgir.

Quando pensamos em mudanças, logo nos vem à mente mudar de trabalho, mudar de casa, mudar de cidade, de país e até de aparência, dentre outras coisas muito comuns nos dias de hoje, mas que estão fora dos planos de Deus – como trocar de marido ou de esposa, por exemplo: o casamento foi feito por Deus para não ser desfeito. Alguns tipos de mudanças poderão gerar uma falsa e ilusória transformação, porém apenas momentânea.

Tudo o que é extremo pode até ser mudado, mas vai gerar uma falsa e temporária sensação de transformação. Na realidade, só estaremos nos transferindo para situações novas em que haverá, talvez, uma mudança de comportamento – que na maioria das vezes acontece até nos acostumarmos com as novas situações –, mas que logo nos deixará entediados; e então voltamos para a mesma sensação de "vontade de mudança". Essa sensação de vontade de mudança pode ser uma treva habitando escondida dentro de nós.

Algumas vezes queremos mudar outras pessoas, e com isso causamos muitos problemas e frustações. Esses problemas acontecem porque não podemos, não temos o direito, não temos poder para mudar as atitudes e os pensamentos dos outros – nem mesmo Deus faz esse tipo de coisa. Ele orienta, induz, trata, mas não obriga a mudar.

Todas as mudanças de que precisamos e que realmente serão eficazes são as que podemos fazer em nós e por meio de nós. É algo difícil de aceitar, mas tão simples quando colocado em prática.

A melhor mudança a ser feita é de dentro para fora, que vem do novo nascimento.

"Portanto, se alguém está em Cristo, é nova criação. As coisas antigas já passaram: eis que surgiram coisas novas!" (2 Coríntios 5:17)

Escolher mudar a si mesmo pode ser doloroso e difícil no começo, mas quando começamos a ver o que é possível por meio das nossas mudanças, queremos cada vez mais. Alguns exemplos do que podemos fazer ou deixar de fazer são coisas simples, como cuidar melhor da casa, das roupas, dos armários, do trato nas palavras, de não falar desnecessariamente e, mesmo se tiver razão, evitar o conflito. Reclamar, por exemplo, não ajuda, e digo isso por experiência própria. Orar pela pessoa, em vez de reclamar dela ou para ela, tem muito mais poder – na verdade, é o que tem poder.

> "Nenhuma palavra torpe saia da boca de vocês, mas apenas a que for útil para edificar os outros, conforme a necessidade, para que conceda graça aos que a ouvem." (Efésios 4:29)

Quando nos aproximamos de Deus, quando podemos desfrutar da Sua direção, começamos a orar e pedir direção em tudo, nas coisas simples e nas mais complexas também. Algumas vezes, Ele nos dirigirá para tomarmos uma decisão que, aparentemente, não influenciará em nada – como deixar de exercer uma liderança na igreja ou apagar um aplicativo de celular, por exemplo. Essas podem ser coisas consideradas banais, como no caso do aplicativo, ou mesmo úteis, que poderiam estar fazendo bem, como no caso da liderança na igreja. Como saber se esses direcionamentos, tão sutis, são realmente de Deus, nossos ou até mesmo do diabo?

Para excluir tais opções, a primeira coisa a fazer é, sim, orar. A oração sempre será a maneira de ouvirmos Deus, pois, ao expressarmos a Ele nossos sentimentos e anseios, Ele nos responderá no momento certo. A resposta depende de como e quando estaremos prontos para o propósito d'Ele. Para sabermos se algo não é de Deus, podemos observar se aquilo está acontecendo por maldade, ganância ou vaidade. Observar os sentimentos que nos motivam, quando pensamos na execução de algo, nos ajudará a discernir que voz é essa que está nos movendo. A vida que levamos ou não em santidade também nos ajudará a discernir.

Se é nossa própria vontade, podemos ver se aquilo que estamos fazendo está relacionado à preguiça, a não gostar do que se faz, a não ter habilidade ou nem mesmo um chamado para aquilo que está sendo levado a deixar de lado. E se é de Deus, não tem como não saber: é uma voz sutil, que você tenta entender por que a está ouvindo, mas não há um porquê; você luta para encontrar vozes ou a ausência delas e não há, simplesmente só ouve inúmeras vezes ao dia um sussurrar de Deus, uma fala mansa e suave, leve e também convicta. E quando obedece a essa fala, sente uma paz, um alívio. Tem-se a sensação de que uma trava se quebrou.

> "E depois do terremoto um fogo; porém o Senhor não estava no fogo; e depois do fogo uma voz mansa e delicada." (1 Reis 19:12)

Com coragem de fazer as escolhas certas, elas nos levarão para as mudanças de que precisamos, e as trevas que antes nos dominavam já não terão mais domínio em nossa vida.

ATITUDES DIFERENTES GERAM RESULTADOS DIFERENTES

Quando nos convertemos, queremos continuar tendo as mesmas atitudes e colher coisas diferentes, porém tal pensamento é ridiculamente estúpido. Mesmo não sendo atitudes pecaminosas, se continuarmos agindo da mesma forma, os resultados serão iguais, ou seja: mesmos caminhos, mesmos lugares de chegada. Até mesmo a ciência nos mostra isso.

> "Loucura é querer resultados diferentes fazendo tudo exatamente igual." (Albert Einstein)

A conscientização de que caminhos iguais levam sempre aos mesmos lugares é o primeiro passo para a mudança. Conseguir mudar sozinho é impossível, pois essas práticas já estão impregnadas há muito tempo em nossas atitudes e na maneira de pensarmos. Vivemos contaminados pelas trevas que ignorávamos habitar em nós. Diante disso, entram a humildade e o apoio na sabedoria divina, e podemos orar pedindo ao Espírito Santo para nos ajudar a mudar. Pedir auxílio a outras pessoas sábias e confiáveis também ajudará.

> "O ensino dos sábios é fonte de vida e afasta o homem das armadilhas da morte." (Provérbios 13:14)

É preciso ficarmos atentos sempre que percebermos que estamos agindo nos moldes que éramos acostumados a agir e, a partir disso, tomar as rédeas e atuar de outra forma, seja espiritual ou fisicamente. Com essas práticas, começaremos a ver algumas mudanças e, logo, a transformação total.

INIMIGOS DA TRANSFORMAÇÃO

Podemos de imediato destacar alguns inimigos que atuam em cada um de nós, tentando impedir que essa transformação ocorra e atrapalhando nosso desenvolvimento:

- **Orgulho:** engessa e não nos deixa enxergar os erros, assim como não nos deixa pedir ajuda.
- **Preguiça:** não nos deixa mover a mente e o corpo em direções contrárias das que praticávamos.
- **Fraqueza:** retira nossa força e não nos deixa ter ânimo. Tudo que vale a pena precisa de esforço e persistência, não podemos simplesmente desistir. O período de transformação é temporário, mas os resultados são, possivelmente, permanentes.
- **Medo:** não nos deixa agir, trazendo estagnações e impedindo que a mudança aconteça. O medo do novo, do que virá após a mudança e dos frutos colhidos, muitas vezes gera ansiedade e desconforto.

Quando perdemos o medo, entregando algo totalmente nas mãos de Deus, não nos importamos com o que irá nos acontecer, pois, por mais terrível que possa parecer aos nossos olhos, Deus irá resolver. Nem sempre será da maneira que achamos melhor, mas tiramos a carga de cima de nós, e assim Ele nos toma em Suas mãos.

Todos esses inimigos acabam fazendo com que nós desacreditemos em Deus e em Suas promessas, enquanto que, na verdade, somos nós que não mudamos e assim não vemos o "novo de Deus".

Mais uma vez as trevas que habitam em nós vencerão, caso não consigamos controlá-las. É necessário esforço e persistência.

> "Hoje invoco os céus e a terra como testemunhas contra vocês, de que coloquei diante de vocês a vida e a morte, a bênção e a maldição. Agora escolham a vida, para que vocês e os seus filhos vivam."
> (Deuteronômio 30:19)

Nossas escolhas erradas, nossas práticas antigas, não prejudicam apenas a nós mesmos, mas refletem em nossa descendência: nossos filhos colherão os frutos de nossas escolhas e atitudes. Que escolhamos o bem, e não o mal.

"A conscientização de que caminhos iguais levam sempre aos mesmos lugares é o primeiro passo para a mudança."

O QUE POSSO FAZER PARA RESOLVER?

O entendimento começou após um pequeno período de jejum, antecedido por dias de angústia e orações sinceras. Até o jejum, eu estava pesada, com os pensamentos conturbados e misturados, todos muito confusos, com muita tristeza e sem perspectiva de mudança na vida.

Após dois dias de jejum, ainda continuavam os questionamentos, pensamentos ruins e duvidosos sobre pessoas, angústias, dúvidas e desânimo. Logo após, constatei que esses pensamentos e julgamentos estavam me fazendo sentir pior ainda, uma sensação de trevas... Comentei com meu esposo a respeito, e ele havia me dito sentir o mesmo. Então, começamos a evitar a falar das possíveis falhas dos outros e houve uma confissão de pecado e arrependimento sobre isso.

> "Se confessarmos os nossos pecados, Ele é fiel e justo para perdoar os nossos pecados e nos purificar de toda injustiça." (1 João 1:9)

Chorei muito e me senti a mais pecadora e a pior de todas as pessoas diante da Bíblia. Nos dias seguintes, nada mudou, então continuei lendo o livro de Josué e Juízes e o estudo do momento em questão. Logo percebi o ciclo de desobediência e arrependimento do povo israelita, voltando-se para Deus.

Surgiu em minha memória o versículo de Lamentações, que diz:

"Quero trazer à memória aquilo que pode me dar esperança." (Lamentações 3:21)

Creio que o entendimento pleno deste versículo seja o de trazer as palavras de Deus, que podem nos transformar diante do que está nos dando falta de esperança. No meu caso, creio que as palavras sobre julgar os outros, sobre maus olhos, luz e trevas interiores me serviram de ensinamento.

Lembrei-me dos versículos do livro de Mateus:

"São os olhos a lâmpada do corpo. Se os teus olhos forem bons, todo o teu corpo será luminoso. Se, porém, os teus olhos forem maus, todo o teu corpo estará em trevas. Portanto, caso a luz que em ti há sejam trevas, que grandes trevas serão." (Mateus 6:22-23)

A ficha caiu, o problema era tão fácil de enxergar, porém tão difícil de admitir, mas foi detectado. E que grandes trevas estavam em meu interior!

Precisei tomar uma decisão para solucionar meu problema, então me dediquei mais à oração, à leitura da palavra e à meditação. Arrependi-me dos meus pecados e os confessei. Procurei praticar cada vez mais a Palavra de Deus e não fazer mais julgamentos precipitados.

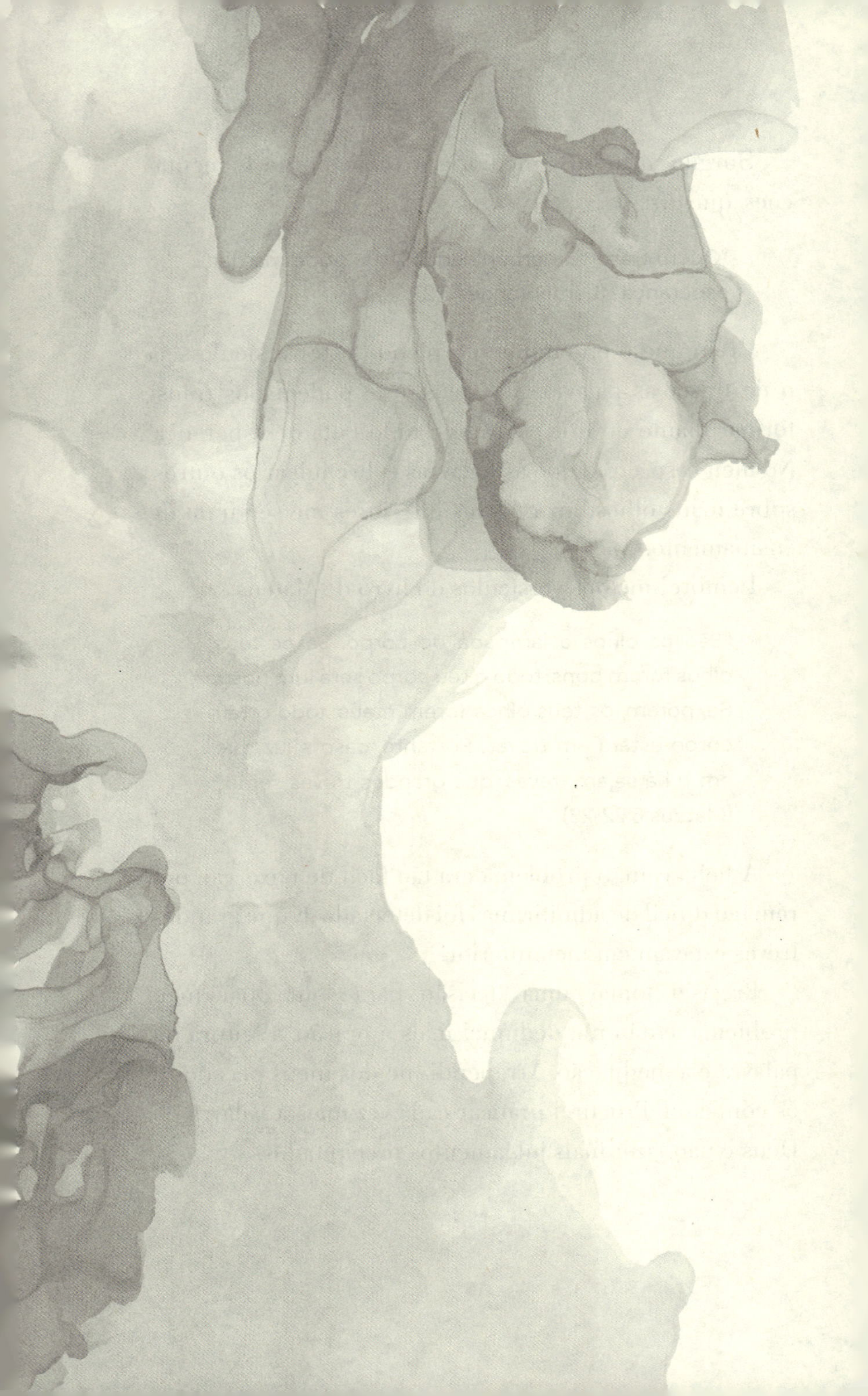

3
EVITANDO AS TREVAS

Para não retroceder, precisamos evoluir, buscar as mudanças necessárias para identificar, curar e evitar que as trevas façam parte de nossa vida. Algumas práticas espirituais ajudam no processo de evitar que novas trevas interiores se desenvolvam em nós. Podemos inserir algumas práticas em nosso cotidiano e outras com nosso progresso espiritual, para que nos desenvolvamos e pratiquemos disciplinas espirituais que nos ajudarão muito.

O importante é a persistência para que o desenvolvimento espiritual aconteça. Nada é forçado, mas sim acontece em comunhão e com a direção do Espírito Santo. Assim, evitaremos que as trevas façam parte de nossa vida.

> "Portanto, também nós, uma vez que estamos rodeados por tão grande nuvem de testemunhas, livremo-nos de tudo o que nos atrapalha

e do pecado que nos envolve, e corramos com perseverança a corrida que nos é proposta." (Hebreus 12:1)

Oração, estudo, solitude, jejum, ouvir a voz de Deus, confiança e fé: essas são as nossas armas para vencer.

ORAÇÃO

A "qualidade" da oração não tem a ver com a quantidade de tempo que se dedica a ela, com o conhecimento bíblico e muito menos com a pronúncia de palavras bonitas; tem a ver com sinceridade, entrega e renúncia do "eu", para começar a gerar intimidade com Deus. A sinceridade sempre será a melhor oração a ser feita.

> "Dois homens subiram ao templo para orar; um era fariseu, e o outro, publicano. O fariseu, em pé, orava no íntimo: 'Deus, eu te agradeço porque não sou como este publicano. Jejuo duas vezes por semana e dou o dízimo de tudo quanto ganho'. Mas o publicano ficou a distância. Ele nem ousava olhar para o céu, mas batendo no peito, dizia: 'Deus, tem misericórdia de mim, que sou pecador'. Eu lhes digo que este homem, e não o outro, foi para casa justificado diante de Deus. Pois quem se exalta será humilhado, e quem se humilha será exaltado." (Lucas 18:10-14)

A prática constante da oração nos deixa mais próximos de Deus. Uma oração de qualidade envolve falar, mas, principalmente, ouvir a voz de Deus. Então, devemos parar para ouvir. Uma maneira interessante para mim foi observar as aves do céu, como está escrito no livro de Mateus. Aqui temos a oração e a meditação na palavra, a observação e a espera pela voz de Deus.

"Olhai as aves do céu, que nem semeiam, nem segam, nem ajuntam em celeiros; e vosso Pai celestial as alimenta. Não tendes vós muito mais valor do que elas?" (Mateus 6:26)

Observando as aves, eu me deparei com a facilidade que elas têm em apenas seguir o vento, ir na direção em que o vento as leva, umas atrás das outras. Elas não falam nem têm os demais atributos que nós, seres humanos, possuímos. Mesmo assim, elas confiam no tempo e em quem está à frente do bando, a ponto de outros bandos seguirem pelo mesmo trajeto em que elas foram.

Um dia subi no terraço da minha casa, muito desorientada e abalada, estendi as roupas que havia tirado da máquina de lavar, percebi que o dia estava ensolarado e resolvi me sentar no banco do nosso jardim. Estava com o coração angustiado, várias preocupações, muito abatida, isso logo após o almoço. Estava com a alma cansada, em constante espírito de oração, porém sem conseguir assimilar coisa alguma. O banco em que me sentei era uma namoradeira plana de madeira, e por estar com as costas cansadas e doloridas, resolvi me deitar. Assim que deitei e abri os olhos na direção do céu, lá estava, límpido e azul, como o azul mais pleno e infinito que já havia percebido: o Sol brilhava e o clima estava demasiadamente agradável. Era uma tarde de inverno no mês de junho, em Santa Catarina. A angústia e todos os demais pensamentos negativos já dividiam espaço com a contemplação da beleza e da perfeição de Deus na natureza, fisicamente expressa.

> "E, quanto ao vestuário, por que andais solícitos? Olhai para os lírios do campo, como eles crescem; não trabalham nem fiam; e eu vos digo que nem mesmo Salomão, em toda a sua glória, se vestiu como qualquer deles." (Mateus 6:28-29)

Comecei a meditar sobre a beleza das plantas ao redor, o cuidado de Deus por intermédio do meu esposo, que cuida das plantas para me agradar, sobre o pouco que aproveitamos as belezas da criação, por andarmos ocupados com problemas, com coisas da internet, com o que nos falta, com o que os outros fazem, com o que podemos fazer, enfim, com a Marta que somos.

> "Respondeu o Senhor: Marta! Marta! Você está preocupada e inquieta com muitas coisas." (Lucas 10:41)

Nisso comecei a ouvir várias buzinas de automóveis lá embaixo e imaginei que fossem pessoas atrasadas, preocupadas, paradas no trânsito. Logo pensei: "Senhor, me perdoe por estar assim também, tão ansiosa e estressada com tudo, e obrigada pelo Seu cuidado e paciência comigo e com os da minha casa; obrigada pelo meu marido, pelo meu filho e até mesmo pelo meu cachorrinho, que está lá embaixo latindo para as buzinas lá fora". Nisso virei meus olhos um pouco mais à esquerda e comecei a perceber um silêncio. Então vi um bando de pássaros que vinha voando em forma de V. Voando aparentemente rumo ao nada, pelo menos às minhas ignorantes vistas sem experiência na observação de pássaros.

Nesse mesmo instante, voltou à minha mente o pensamento de insignificância e impotência, e quando tentei entender o versículo e me comparar às aves, falei: "Deus, não sou filósofa, nem estudiosa de aves, nem ao menos coisa alguma", e chorei. Foi então que Deus me falou: "Apenas observe e diga o que vê". Eu as via voando em V e alternando de posição; então baixavam um pouco mais e seguiam na direção do vento, que eu mal sentia. Elas pareciam estar em paz, mas percebi que tinham que se esforçar para subir e permanecer lá em cima, para seguir adiante sem a certeza de onde iriam chegar, somente confiando na direção do vento e no comando da ave que estava na frente.

Então veio à minha mente a visão de como precisamos viver em comunhão, principalmente como cristãos. Mesmo com as diferenças e os defeitos que temos, devemos confiar uns nos outros, ajudar e revezar, quando necessário, e continuar em frente, com fé, confiança, comunhão, determinação e, principalmente, orando uns pelos outros.

"Levem os fardos pesados uns dos outros e, assim, cumpram a lei de Cristo." (Gálatas 6:2)

Precisamos orar expulsando o mal e não aceitar que ele domine nossa mente, pois, dominando nossa mente, ele conseguirá dominar nossas ações; e, dominando nossas ações, o diabo dominará nossa vida, destruindo famílias, ministérios, amizades, saúde, o que quer que seja.

"Não andem ansiosos por coisa alguma, mas em tudo, pela oração e súplica e com ação de graças, apresentem seus pedidos a Deus." (Filipenses 4:6)

Nossos pontos fracos serão utilizados para nos atingir. As emoções são o forte do diabo. "O coração é enganoso", e se o coração é fonte de vida, estando no engano, gera vida podre, vida de ilusão, vida de angústia.

"E da mesma maneira também o Espírito ajuda as nossas fraquezas; porque não sabemos o que havemos de pedir como convém, mas o mesmo Espírito intercede por nós com gemidos inexprimíveis. E aquele que examina os corações sabe qual é a intenção do Espírito; e é ele que, segundo Deus, intercede pelos santos." (Romanos 8:26-27)

"A sinceridade sempre será a melhor oração a ser feita."

LEITURA DA PALAVRA

Quando estamos exaustos, fica mais difícil ainda reagir; e quando necessitados, buscamos forças em algo ou alguém, mas em quê ou em quem buscar forças?

A Palavra de Deus, por si só, é alicerce, é fortaleza, é força! Mesmo sem forças, angustiados e cansados, buscar refúgio na Palavra nos dá condições de vencer mais um dia, e mais um dia, e outro dia, até que chegue o dia em que Deus nos dará a vitória, confiando e perseverando. É possível que os pensamentos negativos, a raiva, a dor e a angústia venham com mais força nesses dias, e que as pessoas ao nosso redor cooperem para que tudo piore.

Precisamos nos esforçar para não perder o hábito diário de ler a Bíblia. Mesmo que não consigamos entender algumas passagens no momento, elas serão a base para entendimentos futuros.

> "Pois tudo o que foi escrito no passado foi escrito para nos ensinar, de forma que, por meio da perseverança e do bom ânimo procedentes das Escrituras, mantenhamos a nossa esperança." (Romanos 15:4)

Ler a Bíblia e meditar em sua palavra é como ter Deus falando diretamente conosco. Você pode simplesmente ler a Bíblia de capa a capa, ou ver algum método de estudo que facilite a compreensão, como começar pelo livro de Marcos, depois o livro de João e seguir o que o estudo sugere. O importante é praticar e continuar mesmo que não perceba resultados imediatos. Deus está agindo e no momento certo Ele se revela.

"Toda a Escritura é inspirada por Deus e útil para o ensino, para a repreensão, para a correção e para a instrução na Justiça, para que o homem de Deus seja apto e plenamente preparado para toda boa obra." (2 Timóteo 3:16-17)

O importante é saber que a Bíblia foi escrita por homens com a inspiração divina por intermédio do Espírito Santo, e que ela é atemporal, servindo de referência até os dias de hoje, com toda sua sabedoria, para o casamento, vida espiritual, social e financeira.

SOLITUDE

Solitude é a opção de ficar sozinho em meditação, contemplação e por um breve período.

Jesus fala sobre como devemos orar e como essa forma de orar reflete em nosso "resultado" com Deus. A solitude está presente quando sentimos o momento de ir para o quarto (local isolado, quieto, de descanso) fechar a porta (ficar sozinho, afastado de outas pessoas, na intimidade) e apenas ter a companhia de Deus, que não é físico, mas está presente.

> "Mas, quando você orar, vá para seu quarto, feche a porta e ore a seu Pai, que está em secreto. Então seu Pai, que vê em secreto, o recompensará."
>
> (Mateus 6:6)

Assim, em uma oração, uma conversa em que duas pessoas falam, quando se diz que o "Pai o recompensará", entendemos que teremos uma resposta – não a resposta que pedimos necessariamente, mas não falaremos sozinhos, pois Deus nos ensinará o caminho a seguir, se soubermos ouvir.

Sempre achamos que essa "recompensa" seria uma aprovação de todos os pedidos que fizermos "nesse quarto" de oração, mas pode ser uma resposta à nossa comunhão, uma resposta com uma intimidade maior com Deus e, consequentemente, sermos recompensados publicamente, pois em nossa vida, em nossas atitudes e decisões, teremos sabedoria para conduzir, com resultados extraordinários.

> "E, quando orarem, não fiquem sempre repetindo a mesma coisa, como fazem os pagãos. Eles pensam que por muito falarem serão ouvidos. Não sejam iguais a eles, porque o seu Pai sabe do que vocês precisam, antes mesmo de o pedirem."
>
> (Mateus 6: 7-8)

Até mesmo Jesus praticava a solitude, em meio a seus anseios (porque Ele, apesar de ser Deus, veio em carne e precisava de momentos a sós com o Pai, para que pudesse ouvir apenas a voz necessária, a voz correta). Quando precisava tomar uma decisão importante, retirava-se e ficava a sós com Deus Pai.

Quando foi conduzido pelo Espírito ao deserto para ser tentado pelo diabo, Jesus não teve medo de ficar sozinho, e isso deixa claro que há uma enorme diferença entre solitude e solidão. A solidão não deixaria que ninguém tomasse tal atitude. Nesse caso, a presença de Deus estava lá durante todo o tempo.

"Então Jesus foi levado pelo Espírito ao deserto para ser tentado pelo diabo. Depois de jejuar quarenta dias e quarenta noites, teve fome." (Mateus 4:1-2)

Um período de solitude, associado a uma outra disciplina espiritual – que no caso de Jesus foi o jejum, que O afastou de qualquer influência terrena em seus momentos com Deus Pai –, pode nos elevar à proximidade, intimidade e, consequentemente, à convicção daquilo que Deus quer que façamos; daquilo que precisamos mudar, nos transformar, sondar a nós mesmos profundamente e assim sermos cada vez mais parecidos com Cristo, para vencermos nossos medos, traumas, enxergar nossas trevas interiores, sermos mais verdadeiros com nossas intenções e para, principalmente, ouvirmos a voz de Deus.

Nos dias atuais está cada vez mais difícil esse recolhimento, pois acabamos lidando com muitas vozes (trabalho, preocupações, eletrônicos, cobranças, sonhos pessoais etc.). Então apenas oramos, ou melhor, despejamos tudo para

Deus – falamos, choramos, vamos aos cultos e cumprimos os protocolos –, mas, será que ouvimos realmente? Não paramos para ouvir, por isso a solitude nos faz ouvir, com clareza, a perfeita, boa e agradável vontade de Deus para nós.

Em nossa vida com Deus, nossa intimidade com Ele é inegociável e deve ser prioridade, pois todas as demais coisas dependem da qualidade da nossa comunhão com Deus.

A Palavra de Deus, por si só, é alicerce, é fortaleza, é força!

JEJUM

A prática do jejum em nossa vida serve para nos aproximarmos de Deus, assim como a oração serve para falarmos e expormos a Ele nossos pensamentos e sentimentos (nada que Ele já não saiba). O jejum serve para alinhar nossos pensamentos com Deus e compreender o que Ele quer que seja compreendido e feito por nós. Jejuar ajuda a nos fortalecer diante de situações difíceis que estão acontecendo ou que ainda irão acontecer.

Em períodos de jejum, Deus trabalha não só no nosso corpo, mas principalmente em nosso espírito, pois o jejum deve ser feito com uma consciência espiritual. Não se trata apenas de abdicar de comida, é um ato que deve ser realizado em espírito de oração, acompanhado da leitura da Bíblia, da meditação na Palavra e da abdicação de distrações que fazem perder o foco de espiritualidade.

"Enquanto adoravam ao Senhor e jejuavam, disse o Espírito Santo: 'Separem-me Barnabé e Saulo para a obra a que os tenho chamado.'" (Atos 13:2)

Em toda a Bíblia vemos nações inteiras e homens de Deus jejuando por essas revelações e pela misericórdia d'Ele. Há nas Escrituras diversos exemplos de jejum, como o dia da expiação, em que toda a nação de Israel jejuava pela expiação de seus pecados. A rainha Ester também jejuou, assim como Daniel jejuou na Babilônia, Paulo em Antioquia e ainda o jejum do Senhor Jesus no deserto.

> "Vá reunir todos os judeus que estão em Susã, e jejuem em meu favor. Não comam nem bebam durante três dias e três noites. Eu e minhas criadas jejuaremos como vocês. Depois disso irei ao rei, ainda que seja contra a lei. Se eu tiver que morrer, morrerei." (Ester 4:16)

Existem tipos diferentes de jejum, além do tempo da prática, a restrição dos alimentos e ainda o propósito espiritual envolvido.

É importante ter conhecimento da prática, do limite do seu corpo e também do propósito espiritual desejado. Precisamos conhecer mais sobre essa disciplina espiritual. Além das Escrituras, algumas biografias já abordam de forma bem completa esse assunto. É preciso despertar esse desejo de querer reconhecer mais a presença de Deus em nossa vida, e a prática do jejum é uma ferramenta importante para isso.

> "Quando jejuarem, não mostrem uma aparência triste como os hipócritas, pois eles mudam a aparência do rosto a fim de que os homens vejam que eles estão jejuando. Eu lhes digo verdadeiramente que eles já receberam sua plena recompensa. Ao jejuar, ponha óleo sobre sua cabeça e lave o rosto, para que não pareça aos outros que você está jejuando, mas apenas a seu Pai, que vê no secreto. E

seu Pai, que vê no secreto, o recompensará." (Mateus 6:16-18)

Particularmente, minha condição física não permite jejuns prolongados, mas desenvolvi em minha vida essa prática que tanto me faz bem. Comece devagar, pule uma refeição, beba bastante água, e progrida de acordo com a sua condição física, mas não deixe de praticar. Os resultados espirituais logo vão ser revelados por Deus em sua vida.

OUVIR A VOZ DE DEUS

Não é fácil ouvir a voz de Deus. Sempre que queremos ouvi-la, pedimos em oração e clamamos por respostas. Então, por que quando ouvimos não obedecemos ou demoramos para obedecer?

> "Quer você se volte para a direita quer para a esquerda, uma voz atrás de você lhe dirá: Este é o caminho; siga-o." (Isaías 30:21)

É o medo que paralisa, o medo de não ser a voz de Deus, de estar ouvindo outras vozes, de obedecer, de largar o que Deus nos pede para largar. Na maioria das vezes a voz de Deus não é agradável para nós, pois o que Ele tem a dizer vai nos transformar e moldar. Algumas vezes, precisamos ser quebrados e refeitos, precisamos ser nascidos novamente, e nascidos para um mundo espiritual, totalmente diferente do mundo em que vivemos e estamos acostumados a lidar. Nossa criatura carnal é acostumada com o pecado, não quer sair, já está impregnada em nós. A voz de Deus é branda e forte ao mesmo tempo, como um sussurro. Sendo assim, pode ser facilmente ignorada por nós, abafada por outras vozes (a nossa, a do diabo e de outras pessoas), mas geralmente ela desperta a coragem para irmos contra algo profundo, interno, algo que está impregnado em nós.

"As minhas ovelhas ouvem a minha voz, e eu conheço-as, e elas me seguem." (João 10:27)

Saber reconhecer a voz de Deus não é uma tarefa fácil. Mas vale a pena investir em conhecer as formas que Ele usa para falar conosco. Assim como existem idiomas diferentes, Deus usará a forma que cada um irá entender, diferenciada, magnífica e espetacularmente personalizada, por meio do Espírito Santo que testificará em nós.

Nem sempre o que Ele nos indicará para fazer ou deixar de fazer será o que esperamos – muitas vezes será o contrário do que nossa carne vai querer, do que achamos ser a melhor solução –, mas vale a pena obedecer. Na obediência, Ele nos surpreende com coisas que não imaginávamos, às vezes livramentos, às vezes bênçãos maiores do que queríamos. Quando obedecemos às orientações de Deus, podemos desagradar pessoas, principalmente aquelas que costumavam decidir, manipular, fazer escolhas por nós, mas vale a pena.

O orgulho, a vaidade, o medo, a insegurança, o receio de ser rejeitado são alguns dos empecilhos que nos afastam da plenitude de uma comunicação real com Deus.

O diabo usa esses sentimentos como cadeias que nos aprisionam e nos afastam de Deus, nos impedem de ouvi-Lo e consequentemente de obedecê-Lo. O peso que carregamos não é retirado e vivemos conhecendo a Palavra sem desfrutá-la, sem receber plenamente os benefícios da comunhão com Deus.

Quando conseguimos vencer e obedecer a Deus, os resultados espirituais são maravilhosos e inexplicáveis. O gozo da presença de Deus supera o medo de abandonar tudo aquilo que nos afasta d'Ele.

"Clama a mim, e responder-te-ei, e anunciar--te-ei coisas grandes e firmes que não sabes."
(Jeremias 33:3)

Após ouvirmos e obedecermos a voz de Deus, nossa confiança de que Ele está no controle aumenta, nossa ansiedade diminui e sabemos que não haverá nada que aconteça que nos afastará do Seu amor e do Seu cuidado, pois Ele estará sempre presente em nossa vida.

"Mil cairão ao teu lado, e dez mil à tua direita, mas não chegará a ti." (Salmos 91:7)

Ouvir e obedecer não é simples, mas seja perseverante. Você precisará de confiança e fé para continuar até sentir os resultados.

CONFIANÇA E FÉ

Haverá dias em que estaremos mais tristes, cansados e ansiosos, sem vontade ou forças para continuar. Nesses dias precisamos nos lembrar do que nos trouxe até aqui, do que nos sustentou na fé. Devemos orar, mesmo sem forças ou vontade, mesmo com o físico cansado; devemos clamar, expulsar as cargas negativas, profetizar em voz alta. Fazer algo de bom pela família ou por alguém também nos fortalece a ir contra as forças ruins que estão tentando nos paralisar.

"Minhas vistas já estão fracas de tristeza. A ti, Senhor, clamo cada dia; a ti ergo as minhas mãos." (Salmos 88:9)

"O milagre de alguns pode ser o cotidiano de outros."

O milagre de alguns pode ser o cotidiano de outros. Busquemos olhar e perceber o milagre da simplicidade de estarmos juntos à mesa reunidos em família. O simples fato de acordar é normal para a maioria das pessoas, mas para alguém que está em coma, é o milagre tão desejado. Celebrar o dia a dia nos fortalece e nos ajuda. Enxergar o agir de Deus nas pequenas coisas cotidianas nos faz confiar e perceber que Ele está cuidando dos detalhes para nós. Enquanto fixarmos o olhar no que ainda não aconteceu, não perceberemos a magnífica ação de Deus em tudo que nos rodeia.

Ter um propósito definido nos traz de volta para o estado de calma e nos ajuda a perceber que Deus está no controle, que há esperança, que ainda vale a pena lutar. Para conseguir esse efeito, esse propósito não pode ser pessoal, mas sim divino. A família é um propósito de Deus, bem como a salvação e a comunhão com Ele. E Deus também tem um propósito pessoal para cada um de nós. Estando em comunhão com Ele, poderemos entender e conhecer esse propósito individual, com confiança e fé.

"Porque eu bem sei os pensamentos que tenho a vosso respeito, diz o Senhor; pensamentos de paz, e não de mal, para vos dar o fim que esperais."
(Jeremias 29:11)

Saber onde devemos estar, de acordo com a vontade de Deus, nos dá paz mesmo em meio ao caos e nos faz confiar que tudo vai ficar bem – às vezes nem sempre como esperávamos, mas de acordo com o propósito maior.

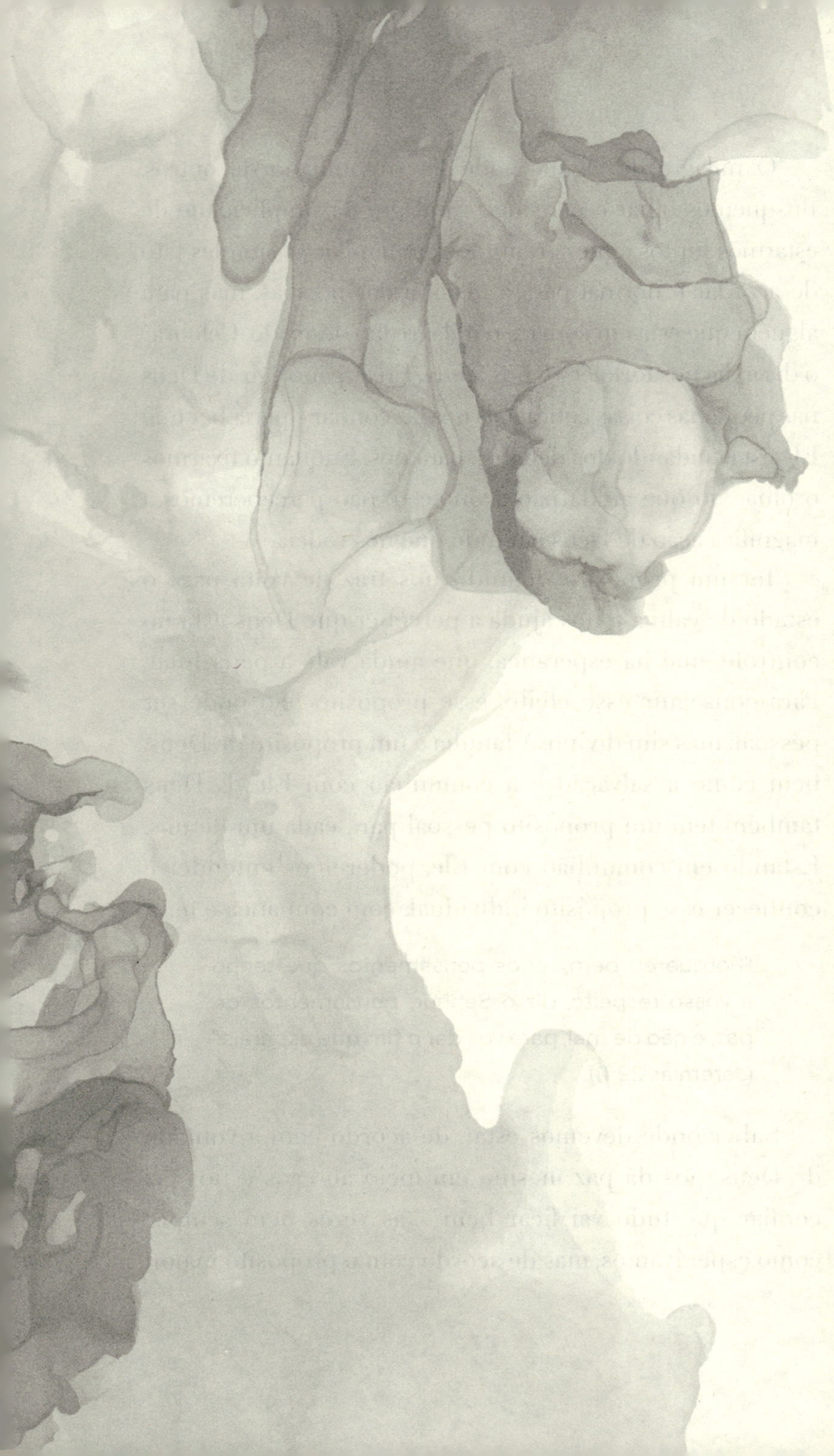

4
NÃO SENDO TREVAS NA VIDA DOS OUTROS

NO DECORRER DA VIDA, PODEMOS COMETER ALGUNS ERROS na busca pela nossa felicidade e assim nos colocarmos em situações que podem machucar outras pessoas, principalmente aquelas que julgamos ter culpa na raiz das nossas trevas interiores. Ao nos colocarmos como vítimas, não enxergamos que as causas do nosso sofrimento não são as pessoas ou as atitudes delas, mas sim as forças espirituais malignas que usam os sentimentos de todos nós para nos ferirmos uns aos outros. Dentro dessa mentalidade ignorante, causamos dor e sofrimento aos outros também, gerando um círculo vicioso de criação de trevas.

O único que se beneficia com isso é o diabo, que se alimenta de dor, sofrimento, mágoas e tantos outros sentimentos que podem destruir vidas e famílias por anos. Essas forças espirituais precisam de pessoas para agirem por intermédio delas. Quando tomamos consciência disso, de que podemos sofrer e também causar sofrimentos e trevas interiores em outras pessoas, podemos nos tratar e ainda evitar sermos causadores de sofrimento.

Busquemos andar na luz do Espírito Santo tendo a sabedoria de Deus para detectar os sofrimentos antes de sermos causadores deles em nós mesmos e em outras pessoas, pois muitas vezes as pessoas utilizadas pelo mal para causar dor são aquelas com quem mais nos importamos. Devemos tratar as pessoas com amor, mesmo as que nos fizeram mal por muito tempo, pois elas também são, assim como nós, frágeis e vulneráveis aos ataques do inimigo. Cabe a nós estarmos cientes disso e não permitirmos mais essa posição de vulnerabilidade, mas sim usar a Palavra de Deus em nosso favor e sermos luz em vez de trevas.

Já em Gênesis, vemos Deus dando orientação a Caim quando este estava sendo dominado pelo sentimento de inveja. Deus não disse que ele estava errado por apenas ter experienciado essa sensação, mas sim que ele pecou após ceder a tal sentimento, o qual, por não ter sido dominado, o levou a assassinar o próprio irmão. Deus pediu algo que era possível a ele, dominar o seu pecado, o seu sentimento.

> "... Se tivesse feito o que é certo, você estaria sorrindo; mas você agiu mal, e por isso o pecado está na porta, à sua espera. Ele quer dominá-lo, mas você precisa vencê-lo." (Gênesis 4:7)

Assim como Caim, nós também podemos e devemos dominar os sentimentos gerados por nossos próprios erros e também por outras pessoas. Desse modo, evitaremos muitas trevas interiores e não chegaremos a cometer o pecado.

Os desafios serão imensos e constantes para que não sejamos trevas na vida de outras pessoas e, por conta disso, precisamos estar atentos à nossa conduta e estado de espírito.

DIA MAU

Mesmo após aceitar que temos trevas habitando em nós e começar a buscar identificá-las e vencê-las com o auxílio da Palavra de Deus e a direção do Espírito Santo, teremos dias maus, dias em que essas trevas interiores parecerão ter superado todo o nosso progresso.

É inevitável passarmos por dias em que o desânimo, a tristeza e o cansaço físico e emocional parecem nos vencer. Dias em que as forças são tão mínimas que desistir seria a única opção.

Quando conhecemos Deus, verdadeiramente, temos ciência de que há uma forma de recuperar o fôlego, de passar por esse "dia ruim", mesmo que o problema, ou os problemas, não esteja ainda resolvido. A confiança em Deus nos dá a certeza de que tudo vai ficar bem. E para não mais ficarmos tristes, desanimados e cansados, teremos a força de Deus em nós.

Por meio do Espírito Santo, conseguimos vencer esses dias maus, com a presença d'Ele. Mesmo que não seja possível garantir que não teremos mais momentos ruins, teremos sempre onde buscar esse fôlego de vida para continuar, por meio da oração, mesmo sem vontade.

Por intermédio da leitura da Palavra, mesmo sem entender no momento o que está sendo dito, somos pacificados como se fosse mágica, mas sem misticismo. É mágica porque faz realmente o milagre da transformação e da renovação da mente.

A cada vez que vencemos esse dia ruim, nos fortalecemos, sabemos que a Palavra é vida, real e eficaz, que a oração nos dá acesso à presença de Deus e abre nossa mente para a esperança, para a experiência com Deus. Essa experiência nos dá a convicção de que Ele está vivo, que se importa conosco, que, mesmo que estejamos passando por lutas, um novo dia virá e com ele a vitória e a transformação. Transformando nossa mente, teremos a transformação de nossa vida e, consequentemente, da vida de outras pessoas.

> "Graças ao grande amor do Senhor é que não somos consumidos, pois as Suas misericórdias são inesgotáveis. Renovam-se a cada manhã; grande é a Sua fidelidade!" (Lamentações 3:22-23)

Quando colocamos celular, preocupações, problemas, filhos, marido, qualquer coisa na frente de Deus, bloqueamos Sua presença em primeiro lugar.

Colocar a comunhão com Deus em primeiro lugar pela manhã e à noite, ao deitar-se, consagrar a Ele o dia que começa e agradecer pelo dia que está para findar são práticas que nos ajudam a superar dias ruins, a perseverar e a colocá-Lo em primeiro lugar também nos dias bons.

"Transformando nossa mente, teremos a transformação de nossa vida e, consequentemente, da vida de outras pessoas."

ESCOLHAS

Fazer nossas próprias escolhas é fundamental para termos paz. Não é nada fácil fazer escolhas, pois elas nos levam a abdicar ou a aceitar certas coisas. Então, como saber fazer escolhas? Como aprender e agir da maneira que será melhor para nós e para quem amamos?

Durante muitos anos, vivi sem fazer minhas próprias escolhas. Fui levada literalmente a lugares terríveis, lugares de dor e sofrimento, por escolhas baseadas na vontade dos outros. Todos escolhiam por mim e faziam escolhas só por serem benéficas para eles, na maioria das vezes.

Quando você não tem discernimento dos sentimentos e está rodeado de pessoas que buscam seus próprios interesses, será manipulado e usado, e isso levará você a ter problemas, muitas vezes irreversíveis. Como ficar imune a isso se temos sentimentos e obrigações para com outras pessoas? Não seria egoísmo pensar primeiro em nós? Era o que eu pensava e, além disso, tinha certo medo de decepcionar as pessoas. No fim das contas, estava me autodestruindo, vivendo, durante anos, ansiosa e infeliz.

Uma das primeiras análises que comecei a fazer foi questionar, "por que estou tomando tal decisão?". Quais motivações verdadeiras estavam me movendo a ir ou a deixar de ir a algum lugar, comprar ou deixar de comprar algo, enfim, questionar qualquer atitude que fosse? Comecei a perceber que a maioria das atitudes que tive ou que não tive na vida não eram minhas escolhas, mas sim de pessoas que tinham a própria vida destruída, que não sabiam escolher sequer para si mesmos. Foi tão frustrante, dolorido e traumático saber disso, mas, com a força de Deus, estou superando e fazendo minhas escolhas.

> "Se alguém decidir fazer a vontade de Deus, descobrirá se o meu ensino vem de Deus ou se falo por mim mesmo." (João 7:17)

Minha primeira escolha foi não agir mais pelo que os outros dizem, pensam ou querem, mas sim falar com Deus e ouvir o que Ele quer de mim e para mim; deixar para trás os "Lós" (referência bíblica ao livro de Gênesis 13), os traumas, as escolhas ruins e o sentimentalismo exagerado.

A vontade de Deus é a melhor escolha – e soberana para mim e para os meus. Minha vida e minhas escolhas pertencem a Deus, e não mais a qualquer outra pessoa. Eu mesma não sei o que é melhor para mim e não sei fazer escolhas sozinhas, mas Deus conhece todas as coisas e me ensina, basta saber ouvir e obedecer ao que Ele quer para mim. O projeto de Deus em minha vida é o mais importante neste momento.

> "Ouçam agora, vocês que dizem: 'hoje ou amanhã iremos para esta ou aquela cidade, passaremos um ano ali, faremos negócios e ganharemos dinheiro'. Vocês nem sabem o que lhes acontecerá amanhã! Que é a sua vida? Vocês são como a

neblina que aparece por um pouco de tempo e depois se dissipa. Ao invés disso, deveriam dizer: 'Se o Senhor quiser, viveremos e faremos isto ou aquilo'. Agora, porém, vocês se vangloriam das suas pretensões. Toda vanglória como essa é maligna." (Tiago 4:13-16)

Quando a vontade de Deus, o sinal que pedimos, for contrário à nossa vontade, não será fácil obedecer; mas quando obedecemos, mesmo sem entender, as respostas vêm, as coisas se encaixam, e vemos que realmente era o melhor a se fazer. Diferentemente de quando vamos pela opinião dos outros. Quando as "decisões", se é que podemos dizer assim, são tomadas por outros, elas nos levam ao sofrimento, ao arrependimento, a colheitas ruins. Com Deus, tudo se encaixa. Ele nos orienta, não nos força, e diz o que é melhor para nós.

Sempre que estivermos diante de uma decisão difícil, teremos ataques espirituais que podem vir na forma de problemas, decepções com pessoas, pressões emocionais etc. Precisamos estar bem alicerçados na Palavra de Deus, com nossos propósitos bem alicerçados n'Ele, sabendo aonde queremos chegar e como identificar os empecilhos que surgirem em nosso caminho.

"Muitos são os planos no coração do homem, mas o que prevalece é o propósito do Senhor."
(Provérbios 19:21)

Quando decidimos mudar sem dar desculpas, sem culpar ninguém ou qualquer situação, colocamos o poder de Deus em ação, e Ele promete que, de todas essas trevas, todos esses entulhos, Ele fará coisas novas. Quando nos colocamos diante da luz, para a ação da luz em nós, somos curados por Deus e ainda poderemos ser a cura para outras pessoas. Nossos entulhos servirão de alicerce para outras construções. Nossas experiências ruins servirão como exemplo da vitória de Deus, da vitória do Sangue de Jesus sobre o mal, da restauração, das novas oportunidades, da vida nova.

> "Falando novamente ao povo, Jesus disse: Eu sou a luz do mundo. Quem me segue, nunca andará em trevas, mas terá a luz da vida." (João 8:12)

Deus tem um plano perfeito de salvação para toda a humanidade, e todos fazem parte deste plano. Nossas histórias e superações fazem parte de um testemunho da vitória de Jesus sobre o inferno. O inferno foi vencido não somente para termos a oportunidade da Salvação eterna, que é, sem dúvida alguma, a melhor dádiva recebida pela graça, mas também para termos a vitória sobre as trevas que destroem vidas todos os dias, que destroem famílias e a beleza que Deus criou em cada um de nós. Essa vitória nos ajuda a ter a restauração das trevas que habitam em nós e expulsá-las de nossa vida, em nome do Senhor Jesus.

"O ladrão não vem senão a roubar, a matar, e a destruir; eu vim para que tenham vida e a tenham com abundância." (João 10:10)

No livro de João, Jesus promete uma vida abundante, na qual temos a possibilidade de nos libertar, pela graça, da culpa, do pecado, das mágoas, das nossas trevas interiores e assim termos a plenitude de vida que Ele promete.

A mudança em nossa vida não ocorre magicamente, não é da noite para o dia. A conversão em si, sem atitudes práticas, não mudará os resultados que tivemos até agora, levando uma vida dentro dos moldes do mundo, sem a sabedoria de Deus. Aprendemos e praticamos, durante anos, ensinamentos errados. Um exemplo disso é que acreditamos que somos bons, que somos vítimas, e não responsáveis por nossa própria vida. Mas o correto é que são nossas escolhas, hoje, que determinarão nosso futuro, e não as circunstâncias que vivemos no passado, sendo escolhas nossas ou não.

Deixando a teimosia e o orgulho que nos afastam de viver o novo com Deus, ouvindo a voz d'Ele e obedecendo, conseguiremos.

CASAMENTO

No casamento, precisamos ter muito cuidado com as investidas de Satanás. Ele irá nos tentar de várias formas, seja com inveja, ciúme, mágoas, frieza, distanciamento, até mais do que com outras pessoas. A destruição de um casamento é a destruição da família, acarretando consequências para diversas pessoas ao longo dos anos, principalmente se o casal tiver filhos. Essa é uma forma eficaz de o diabo trabalhar e destruir um legado com consequências terríveis ao longo das gerações. Uma separação pode ser pior que uma morte.

> "Portanto deixará o homem o seu pai e a sua mãe, e apegar-se-á à sua mulher, e serão ambos uma carne." (Gênesis 2:24)

Os meios que ele utiliza são sutis e perseverantes, começam sem que ao menos possamos perceber e ficam ali, por anos, até agir. Então, quando nos damos conta, o problema já foi instaurado e se torna difícil de ser resolvido.

A vida íntima do casal precisa ser saudável e ativa, mesmo que haja problemas financeiros, ou de outra natureza, pois é uma forma de conexão física, mas com resultados espirituais – por isso a importância de os solteiros permanecerem imaculados para seus futuros cônjuges. O sexo não é físico, como dizem; é sublime, com conexões extrafísicas.

> "A mulher não tem autoridade sobre o seu próprio corpo, mas sim o marido. Da mesma forma, o marido não tem autoridade sobre seu próprio corpo, mas sim a mulher. Não se recusem um ao outro, exceto por mútuo consentimento e durante

certo tempo, para se dedicarem à oração. Depois, unam-se de novo, para que Satanás não os tente por não terem domínio próprio." (1 Coríntios 7:4-5)

Deus criou, desde o princípio, criaturas antagônicas que se completam: luz e escuridão, dia e noite, homem e mulher. Uma necessita da outra para se moldar. A luz sempre deve prevalecer, mas sem as trevas, como saber o que está precisando de ajuste?

Assim como a mulher tem influência sobre o homem, o homem também tem influência sobre a mulher. Vivendo os dois juntos e havendo muitas diferenças em suas essências e necessidades, se não houver sabedoria de ambos em conhecer seus pontos fortes e fracos, suas necessidades e as necessidades do outro, não haverá condições de serem felizes: um viverá em detrimento do outro, gerando desequilíbrio e, consequentemente, o caos dentro da família que construíram. Não ouvir e não entender as necessidades do outro é burrice e levará ao divórcio ou a um verdadeiro inferno. Dizer que não é nada disso, camuflar as coisas, os sentimentos e as situações que incomodam não é nada benéfico e inteligente. A verdade com a luz sempre será o caminho certo a seguir.

Por isso, escolher casar-se com alguém verdadeiramente convertido é tão importante. Cada um exercendo seu papel dentro da família minimizará os efeitos ruins, pois as trevas também podem se instalar no casamento.

"Quem encontra uma esposa encontra algo excelente; recebeu uma bênção do Senhor." (Provérbios 18:22)

Se você já se casou, a paciência terá que ser uma grande aliada sua. Hábitos não são fáceis de serem mudados. Mesmo a pessoa que se converte tem dificuldades de mudar determinadas atitudes, e alguém que ainda não busca se converter terá uma resistência ainda maior às mudanças. Pessoas, lugares, atitudes, roupas e conversas, que antes faziam parte de nosso cotidiano, agora já não fazem mais sentido algum.

"Arrependam-se, pois, e voltem para Deus, para que os seus pecados sejam cancelados, para que venham tempos de descanso da parte do Senhor, e ele manda o Cristo, o qual lhes foi designado, Jesus." (Atos 3:19-20)

Procedendo de maneira correta, sendo luz e não trevas na vida das pessoas, seu testemunho pessoal falará mais alto do que as suas palavras. A conversão de seu cônjuge irá se desenvolver internamente, e sua mudança será a luz na sua casa.

"A verdade com a luz sempre será o caminho certo a seguir."

SALVAÇÃO

O nosso propósito é sermos luz, em nossa própria vida e também na vida de outras pessoas, e assim compartilharmos do plano de salvação de Deus para a humanidade, que se concretizou por meio de Jesus Cristo, que é a própria luz.

A Salvação é, sem dúvida, o bem maior que Deus nos proporcionou, por meio do sacrifício de Jesus, Sua entrega por nós, e podemos obtê-la quando nos entregamos a Ele. Porém, essa não é a única bênção, apesar de ser a maior. Podemos obter os frutos do Espírito Santo: amor, alegria, paz, paciência, amabilidade, bondade, fidelidade, mansidão e domínio próprio, e ainda, a prosperidade financeira.

> "Mas o fruto do Espírito é amor, alegria, paz, paciência, amabilidade, bondade, fidelidade, mansidão e domínio próprio. Contra essas coisas não há lei." (Gálatas 5:22-23)

Em certas situações, podemos passar por dificuldades financeiras, mas podemos também receber de Deus provisões de forma milagrosa, caso O sigamos em amor e por amor, não hesitando. Porque, em obediência a Ele, todas as coisas irão nos levar aos propósitos do Senhor.

A parte difícil de ser um discípulo de Cristo não está em "pregar o evangelho", mas sim em amar as pessoas até que elas conheçam o amor de Cristo por meio de nós, procedendo de maneira santa mesmo em situações de "perigo".

"Toda a lei se resume num só mandamento: "Ame o seu próximo como a si mesmo." (Gálatas 5:14)

Para isso, sem a ação dos dons do Espírito Santo, é impossível praticar. É preciso ter paciência, domínio próprio, mansidão... e isso faz parte do homem espiritual, e não do homem carnal.

Pois o homem carnal é inimigo de Deus e suas práticas vão contra o Espírito, porque buscam prazeres próprios, egoístas, prejudiciais a si mesmo e aos que estão ao seu redor, trazendo tristeza, dor, sofrimento e fazendo a vontade do mal.

"A mentalidade da carne é morte, mas a mentalidade do Espírito é vida e paz; a mentalidade da carne é inimiga de Deus porque não se submete à lei de Deus, nem pode fazê-lo. Quem é dominado pela carne não pode agradar a Deus." (Romanos 8:6-8)

Algumas vidas são sacrificadas para que outros aprendam, mesmo que não entendamos o porquê dos sofrimentos, por enquanto.

Aprendizados surgem, muitas vezes, das dores que sofremos pelas perdas e do entendimento do que poderíamos ter feito a respeito de algumas situações que aconteceram conosco. Assim como Jesus sacrificou sua vida por nós, nós também sacrificamos algumas vezes nossa vida por outros. Não sabemos exatamente o porquê disso, mas Deus, que é perfeito, sabe, e isso basta para quem crê nos Seus propósitos. Não saberemos decifrar os mistérios de Deus enquanto estivermos aqui neste mundo, mas Ele, que é soberano e sabe de todas as coisas, nos conforta e trabalha em nós, para que cresçamos em amor e sabedoria e para que também possamos nos doar em amor por várias outras vidas, para que essas vidas se aperfeiçoem no puro e verdadeiro amor. Precisamos conhecer a nós mesmos e nossas fraquezas para obedecermos. Conhecer a vontade de Deus para seguirmos, termos humildade para ouvir, aprender, observar, até que possamos adquirir conhecimento com experiência.

EQUILÍBRIO

Creio que aprender a ter equilíbrio seja uma das maiores necessidades cristãs. Sem ele, as coisas não podem acontecer, pois, de certa forma, os opostos foram criados para se completarem neste mundo complexo e perfeito na essência natural criada por Deus. Por exemplo, o medo em excesso nos paralisa, deixa sem ação, sem atitude, o que nos leva não somente à estagnação, mas também ao retrocesso, porque, enquanto estamos parados, o restante do mundo está em movimento. Porém, o medo bem dosado evita que tomemos atitudes que nos levem ao erro, a problemas dos quais não conseguiríamos sair ilesos, e até mesmo a evitar tragédias irreparáveis.

Do mesmo modo, o outro extremo, a coragem exagerada, desenfreada, impulsiva, que não analisa as consequências, pode nos levar ao mesmo lugar de tragédia irreparável.

"Para tudo há uma ocasião, e um tempo para cada propósito debaixo do céu: tempo de nascer e tempo de morrer, tempo de plantar e tempo de arrancar o que se plantou; tempo de matar e tempo de curar, tempo de derrubar e tempo de construir, tempo de chorar e tempo de rir, tempo de prantear e tempo de dançar, tempo de espalhar pedras e tempo de ajuntá-las, tempo de guardar e tempo de lançar fora, tempo de rasgar e tempo de costurar, tempo de calar e tempo de falar, tempo de amar e tempo de odiar, tempo de lutar e tempo de viver em paz." (Eclesiastes 3:1-8)

Como conseguir o equilíbrio? Como saber o que devemos fazer e quando não fazer, o que dizer e o que não dizer, dentre tantas outras escolhas que fazemos todos os dias?

Os seres humanos estão destruindo o planeta, por falta de equilíbrio, e nós estamos destruindo nossa vida, também, pela falta de equilíbrio. A Palavra de Deus ensina a termos equilíbrio.

"Meu filho, guarde consigo a sensatez e o equilíbrio, nunca os percas de vista; trarão vida a você e serão um enfeite para o seu pescoço. Então você seguirá o seu caminho em segurança, e não tropeçará; quando se deitar, não terá medo, e o seu sono será tranquilo." (Provérbios 3:21-24)

EQUILÍBRIO FINANCEIRO

A vida financeira desorganizada é capaz de destruir uma família. Ela é muito importante, mesmo que digam que não, pois garante uma vida social ativa, suprimentos, dignidade no cumprimento dos deveres civis e autoestima, pois nos proporciona alimento, vestes e cuidados. O dinheiro não é a coisa mais fundamental, mas é um alicerce para as demais coisas materiais, refletindo também na vida emocional do casal e, consequentemente, de toda a família. A vida financeira não pode ser o foco, mas é necessária para que se tenha plenitude.

Os cristãos primitivos viviam em épocas distintas, em que a necessidade era mais desprovida de materialidade. No entanto, isso não exclui a nossa necessidade hoje de uma espiritualidade como a deles.

"Os planos bem elaborados levam à fartura; mas o apressado sempre acaba na miséria." (Provérbios 21:5)

Quando ficamos sem dinheiro, temos a tendência de "economizar", só que economia não se faz quando algo nos falta, e sim quando nos sobra. Portanto, isso que fazemos quando não temos dinheiro é escassez, é sufoco, e não traz benefícios se não aprendermos que só podemos praticar economia quando temos algo sobrando; só então será de fato uma economia, sobrando ainda mais. A pobreza pode nos tornar esbanjadores ou avarentos, e os dois comportamentos nos levam para longe da vontade de Deus. O equilíbrio é a melhor forma de conduzir qualquer situação. Em qualquer área da vida, o equilíbrio é o ponto certo de fazer as coisas acontecerem da forma de Deus. A falta de equilíbrio nas finanças pode ser um gerador e um propulsor das trevas interiores.

Vejamos como evitar uma vida financeira desorganizada:

- Procure cozinhar mais em casa e manter a despensa sempre abastecida, evitando a necessidade de pedir comida ou comer fora.
- Saia um pouco das redes sociais que fomentam o consumismo.
- Não dispute com outras pessoas sobre quem tem mais ou menos, quem passeia mais, quem tem as roupas mais caras e novas etc.
- Não é porque você tem crédito que precisa usar; crédito é para usar em emergências e não para consumo. Dinheiro é saldo positivo em conta.

- Não precisamos impressionar ninguém, gastando mais do que podemos, endividando-se e trazendo trevas para sua vida. Melhor do que possuir coisas é estar fazendo a vontade de Deus.

> "Pois Deus não nos deu espírito de covardia, mas de poder, de amor e de equilíbrio." (2 Timóteo 1:7)

O equilíbrio na vida financeira está atrelado ao equilíbrio na vida espiritual e ele só vem como consequência de atitudes que nos afastam do mal – nesse caso, o mal dos gastos excessivos. Tudo que é feito além do que podemos ou temos é excessivo.

O consumo nos leva ao desequilíbrio. Comprar muita comida pode nos levar a cometer, a princípio, dois tipos de pecados, o da gula e o do desperdício. E tudo que é desperdiçado não retorna, ou seja, é jogado fora e não cumpre o seu propósito, seu objetivo, além do desperdício do seu dinheiro.

> "Por que gastar dinheiro naquilo que não é pão e o seu trabalho árduo naquilo que não satisfaz? Escutem, escutem-me, e comam o que é bom, e a alma de vocês se deliciará na mais fina refeição. Deem ouvidos e venham a mim; ouçam-me, para que sua alma viva. Farei uma aliança eterna com vocês, minha fidelidade prometida a Davi."
> (Isaías 55:2-3)

"Em qualquer área da vida, o equilíbrio é o ponto certo de fazer as coisas acontecerem da forma de Deus."

No passado, as pessoas usavam túnicas ou outras roupas que as identificavam com sua ocupação ou posição na sociedade. As roupas eram de qualidade, porém, por mais dinheiro que a pessoa tivesse, possuía muito menos roupas, em número, do que possuímos hoje. Isso quer dizer que não temos necessidade de ter tantas roupas, que variam conforme as estações, cores e modelos na moda imposta pela indústria.

Somos manipulados o tempo todo, por meio das redes sociais, dentre outras formas de entrada em nossa mente, diariamente, fazendo com que vivamos necessitados de tudo, de coisas materiais que muitas vezes realmente não precisamos.

Esse modo de agir e pensar se prolifera em todas as áreas estéticas, com a vaidade e a necessidade de admiração e aprovação, com casas, carros, móveis e até mesmo com animais de estimação. Somos fantoches em busca de uma "alma" satisfeita, pois os objetos de satisfação mudam o tempo todo em uma velocidade cada vez maior.

> "Assim, se vocês não forem dignos de confiança em lidar com as riquezas deste mundo ímpio, quem lhes confiará as verdadeiras riquezas?"
> (Lucas 16:11)

Com objetivos aquisitivos, e não nos moldes de Deus, nos afastamos cada vez mais dos propósitos eternos. Trocamos a família por trabalho, o trabalho por dinheiro, o dinheiro por coisas materiais e as coisas materiais por solidão eterna e insatisfação constante.

Isso não quer dizer que não precisemos de bens materiais, mas trata-se do que realmente precisamos e do quanto precisamos. Nossa satisfação precisa vir de Deus, das coisas espirituais. Isso nos leva a ter equilíbrio em todas as áreas da vida, pois a insatisfação terrena leva ao desequilíbrio, ao excesso, e quando sobra algo, em algum outro lugar está em falta. O desequilíbrio financeiro também é formador de trevas habitando em nós.

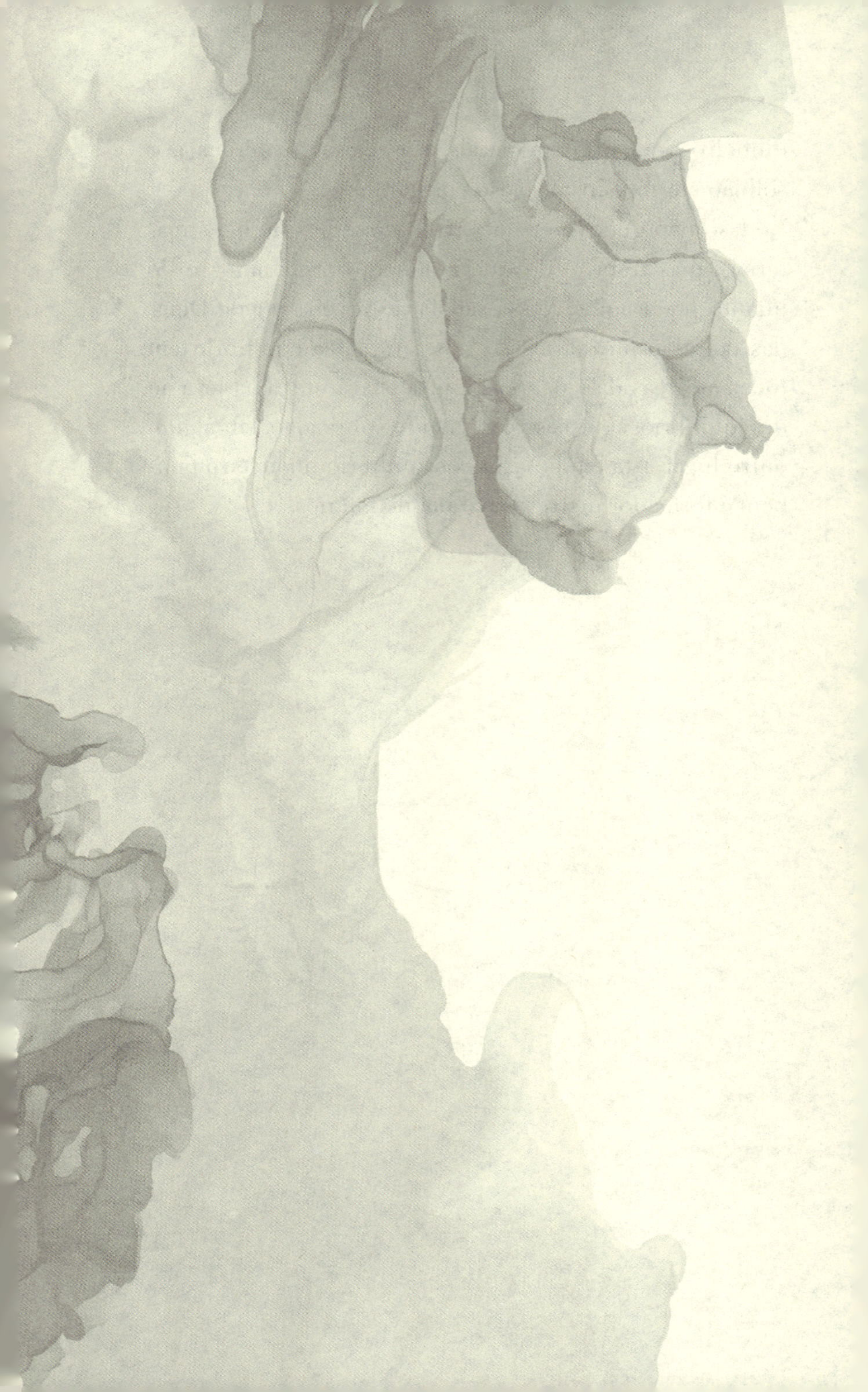

5
SENDO LUZ NA VIDA DOS OUTROS

CRESCEMOS EM FÉ, CONFIANÇA E INTIMIDADE COM DEUS E para Ele. Assim, Deus poderá nos usar para ajudar outras pessoas no caminho para a vida eterna e para uma vida melhor aqui na Terra.

Se você tiver o desejo de ajudar alguém, a melhor ajuda que pode oferecer, primeiramente, é orar por essa pessoa. Após isso, você poderá fazer algo por ela mais especificamente. Deus irá lhe direcionar: caso esteja dentro das suas possibilidades, você mesmo poderá agir; acaso não seja possível agir por você mesmo, você poderá ajudar amparando e praticando a oração com o sustento da Palavra, levando conforto, consolo, paz e orientando aquele que precisa de ajuda a prosseguir com fé em Deus. A pessoa precisa querer esse segundo tipo de auxílio, e se não quiser, o melhor a fazer é continuar orando por ela, pois muitas pessoas precisam de ajuda, mas não querem ser ajudadas.

"Não deem o que é sagrado aos cães, nem atirem suas pérolas aos porcos; caso contrário, estes as pisarão e, aqueles, voltando-se contra vocês, os despedaçarão." (Mateus 7:6)

As primeiras pessoas que podemos ajudar são as da nossa própria casa. Também precisamos querer essa ajuda, pois todos temos o livre-arbítrio. Desde que pecamos e fomos expulsos do Éden em Gênesis, precisamos estar dispostos a nos reconciliar com Deus. Marido, esposa e filhos são nossos primeiros discípulos. Não precisamos ficar frustrados por não ter a quem ajudar, pois temos dentro da nossa própria casa pessoas que amamos e precisam de auxílio e oração constantes. Mesmo que eles já estejam em comunhão com Deus, precisamos cuidar uns dos outros.

Eu estava frustrada por não trabalhar fora e assim não ter acesso a outras pessoas para ajudar – não pelo fato de não trabalhar fora, pois amo estar em casa e poder cuidar de perto do meu filho e do meu lar –, mas por querer levar Deus a outros, ser refrigério para outras pessoas.

Meu esposo estava passando por uma situação difícil com um cliente, e eu estava ansiosa e preocupada com as finanças. Após orar na madrugada, coisa que há um tempo não fazia, acordei com isso no coração: "A pessoa que você tem que ajudar agora é o seu marido, gaste seu tempo orando e incentivando ele; ele é o seu projeto de auxílio espiritual no momento, a alma que necessita de você agora é ele".

"E abriu-lhe Deus os olhos, e viu um poço de água; e foi encher o odre de água, e deu de beber ao menino." (Gênesis 21:19)

Assim como Agar, que, desesperada, abandonou o filho para não o ver morrer no deserto sem, contudo, perceber que ao lado havia um poço de água que permitiria a salvação da criança, não enxergamos o que está ao nosso redor ou quem está ao nosso lado. Deus nunca erra. Estamos sempre no lugar certo e na hora certa quando andamos em Sua presença.

"Sabemos que Deus age em todas as coisas para o bem daqueles que O amam, dos que foram chamados de acordo com o Seu propósito." (Romanos 8:28)

Quando não souber o que fazer, invista seu tempo nas coisas de Deus, leia a Bíblia, medite na Palavra, ajude pessoas nas áreas em que você já superou. Quanto aos seus problemas, não é com mágica, mas sim pela fé e a confiança em Deus que eles serão resolvidos. Continue investindo seu tempo nas coisas de Deus, medite na Palavra, ensine. Continuar na fé em toda e qualquer situação é o segredo para não sermos enganados pelo diabo.

"Portanto, submetam-se a Deus. Resistam ao diabo, e ele fugirá de vocês." (Tiago 4:7)

Paralelamente, celebre sua família, celebre as coisas que podem parecer pequenas, mas são essenciais: marido, esposa, filhos são nosso maior tesouro, depois de Deus. Essas celebrações são nosso fortalecimento, são nossa base sendo honrada. Assim agradamos a Deus, sendo gratos pelo Seu amor e cuidado conosco nos detalhes.

"As primeiras pessoas que podemos ajudar são as da nossa própria casa."

FINAL

Quando encontramos as causas para algumas travas em nossa vida e descobrimos que elas são as trevas que habitam em nós, que desconhecíamos, achando que se tratava da nossa personalidade, temos de seguir um caminho para obter a cura. Não é tão fácil, mas com as armas (práticas) certas, poderemos e iremos vencer. Porque muito mais forte é aquele que nos criou e nos fez à semelhança d'Ele, que nos ama e nos quer bem. Deus nos guia e nos dá as condições necessárias para vencer e permanecer nessa transformação. Precisamos persistir e ter a convicção de que Deus está conosco, e quando não tivermos mais forças para seguir o caminho, Ele irá nos carregar.

Quando você não souber mais como pedir algo a Deus, seja por necessidade real, por medo, por insegurança, ou ainda, quando já pediu tantas vezes até cansar, saiba que Ele ouviu, que está cuidando de tudo, por isso, entregue nas mãos d'Ele. E se, mesmo assim, a angústia, o medo e a insegurança persistirem, louve e agradeça como se já tivesse conseguido vencer a aflição – seja ela doença, problema financeiro, espiritual, vício, o que for –, com a força ou até mesmo sem força alguma. Louve ao Senhor, agradeça pelo que Ele já fez em sua vida, pela salvação ou simplesmente por saber da sua existência. Lembre-se de todas as vezes que Ele o livrou, salvou e cuidou.

> "Será que uma mãe pode esquecer do seu bebê que ainda mama e não ter compaixão do filho que gerou? Embora ela possa se esquecer, eu não me esquecerei de você!" (Isaías 49:15)

O Senhor nos guarda em todos os momentos. Não devemos temer, mesmo em momentos ruins, que parecem não ter fim, pois Ele, que não dorme, está no comando de todas as coisas. Podemos ter esperança da novidade de vida a cada manhã; todas elas podem ser o dia que o Senhor separou para que nossos sonhos, de acordo com a vontade d'Ele, se realizem.

> "Sem fé é impossível agradar a Deus, pois quem Dele se aproxima precisa crer que Ele existe e que recompensa aqueles que O buscam." (Hebreus 11:6)

O Deus que realiza sonhos é o Deus que nos liberta e nos dá a vida eterna!

Não se trata de teologia da prosperidade, de ganância, de busca por coisas deste mundo, mas, sim, do único Deus, do Deus que, apesar de não necessitar absolutamente de nada que exista em nosso mundo, Sua própria criação, se importa com aquilo que importa para nós – quer seja um prato de comida ou um grande sonho realizado. No mundo, o que importa para Deus é a nossa entrega para Ele. Nem mesmo nossas necessidades básicas são necessárias, desde que estejamos no caminho da salvação. Ele é maior que tudo deste mundo e ainda assim se importa conosco, tira nossas trevas e nos dá alegria e plenitude.

> "Àquele que é capaz de fazer infinitamente mais do que tudo o que pedimos ou pensamos, de acordo com o Seu poder que atua em nós (...)."
> (Efésios 3:20)

O Deus que "realiza sonhos" ama agradar os que n'Ele confiam, os que se submetem às Suas Palavras e as obedecem.

> "Irmãos, não penso que eu mesmo já o tenha alcançado, mas uma coisa faço: esquecendo-me das coisas que ficaram para trás e avançando para as que estão adiante, prossigo para o alvo, a fim de ganhar o prêmio do chamado celestial de Deus em Cristo Jesus." (Filipenses 3:13-14)

É possível ser diferente, ter uma vida nova, longe de tudo o que já vivemos ou fomos levados a viver, uma vida longe dos traumas e das trevas, uma vida de luz e paz! Continuar e nunca desistir!

"O Senhor nos guarda em todos os momentos. Não devemos temer, mesmo em momentos ruins, que parecem não ter fim, pois Ele, que não dorme, está no comando de todas as coisas."

MUDANÇA:
COMO CONSEGUIR

1. Enxergue e aceite o problema: se ele é real, precisa ser transformado, mudado.
2. Admita os erros e as causas desse problema: busque compreender quais caminhos levaram a ele.
3. Aceite e peça ajuda: não finja que tem uma vida perfeita. Mentir e enganar são coisas do diabo.
4. Faça algo diferente a respeito da situação: busque mudar as atividades, mesmo que com sofrimento, e não fique parado.
5. Peça orientação a Deus: em oração, peça direção ao Senhor. Não se sinta ansioso por não saber ainda o que fazer ou como fazer. Leia a Bíblia e medite. Continue vivendo na verdade, orando e buscando a mudança em Deus. E quando tiver certeza de como agir, mesmo que com medo, faça algo a respeito.

grupo novo século

Compartilhando propósitos e conectando pessoas
Visite nosso site e fique por dentro dos nossos lançamentos:
www.gruponovoseculo.com.br

Ágape

- facebook/novoseculoeditora
- @novoseculoeditora
- @NovoSeculo
- novo século editora

gruponovoseculo
.com.br

Edição: 1ª
Fonte: Didot